国家留学基金访问学者项目“语用翻译研究”（ 2012）

语用学学人文库

何自然 主编

李占喜 著

语用翻译探索

Explorations into Pragmatics—Based on Translation Studies

暨南大学出版社
JINAN UNIVERSITY PRESS

中国·广州

图书在版编目（CIP）数据

语用翻译探索／李占喜著．—广州：暨南大学出版社，2014.10
（语用学学人文库）
ISBN 978－7－5668－0927－8

Ⅰ．①语…　Ⅱ．①李…　Ⅲ．①语用学—应用—翻译—研究　Ⅳ．①H059

中国版本图书馆 CIP 数据核字（2014）第 028948 号

………………………………………………………………………………

语用翻译探索
著　　者　李占喜

出 版 人　徐义雄
策 划 人　杜小陆
责任编辑　刘　晶　徐雨娴　王雅琪
责任校对　姚晓莉
出版发行　暨南大学出版社（广州暨南大学　邮编：510630）
网　　址　http：//www.jnupress.com　http：//press.jnu.edu.cn
电　　话　总编室（8620）85221601
　　　　　营销部（8620）85225284　85228291　85228292（邮购）
排　　版　广州良弓广告有限公司
印　　刷　佛山市浩文彩色印刷有限公司
开　　本　787mm×960mm　1/16
印　　张　10.5
字　　数　192 千
版　　次　2014 年 10 月第 1 版
印　　次　2014 年 10 月第 1 次
定　　价　25.00 元

总　序

语用学（pragmatics）作为一门学科，近二十多年的发展日新月异。语用学的学术视角从最早的语言哲学扩展到语言学，逐渐触及语言学的各个领域，出现了各类与语用学相结合的新兴学科和边缘学科，对翻译学、外语教学、词典编撰、跨文化交际、人工智能、文学批评、心理学等许多相关学科产生了深远的影响。语用学现已成为当代语言学中的显学，吸引了越来越多的学者对其进行学习、教学和研究。

20世纪60至70年代，与语用学有关的课题在西方语言哲学的日常语言学派中十分盛行，但它直到70年代末至80年代初才成为语言学的一个分支学科。1977年，《语用学学刊》（*Journal of Pragmatics*）在荷兰发行，标志着语用学作为一门学科得到正式确认。同一时期，pragmatics引入日本，被翻译为“語用論”，日本学者毛利可信于1978年就曾以“意义的不确定性——从语义学到语用学”为题发表过文章；1980年，毛利可信出版了亚洲第一部语用学专著《英語の語用論》（《英语语用学》）。在我国，语言学界前辈许国璋先生于1979年在中国社会科学院语言所主持出版的《语言学译丛》中就曾连续译介过与日常语言哲学有关的奥斯汀的《论言有所为》等文献。《语言学译丛》改版后的《国外语言学》季刊在1980年就刊登了胡壮麟先生介绍国外语用学的文章。到了1983年，西方正式出版了列文森的《语用学》（*Pragmatics*）和里奇的《语用学原理》（*Principles of Pragmatics*）。这些国外语用学经典著述，经我国学者不懈引进，使语用学在我国开始扎根、发芽。随后，经过三十多年的努力，我国语用学研究得到不断发展，研究队伍不断壮大，与国外同行学者之间的学术交往日益增多，并不断产出具有国际视野的研究成果，体现出中国学者的学术见解和创新。

当然，我国语用学研究的全面创新及语用学学科的深度发展还有很长的路要走；作为我们自己的学术团体，中国语用学研究会也有很多工作要做。2011年，第十二届全国语用学研讨会暨第六届中国语用学研究会年会在山西大学外语学院召开之际，研究会常务理事会决定组织出版“语用学学人文库”（以下简称“文库”），并成立了编委会，约请暨南大学出版社自2012年起出版语用学方面的有关论著。中国语用学研究会认为，在这个时候筹划出版“文库”系列丛书是有其积极意义的，可以极大地促进我国语用学教学与研究的繁荣，使汉语、外语学习和实际运用得到应有的重视，使汉语在我国社会经济生活中的使用质量得到不断提高，并为在国际上普及汉语和宣传中华文化而给力。

我们计划“文库”系列丛书每年出版2至3部专著。这些著述着重反映以下三个方面的内容：第一，评介当前国外语用学学科的前沿课题；第二，结合和借鉴国外语用学的理论和实践，指导和提高我国汉语和外语的教学与研究；第三，介绍我国学者在语用与社会、语用与文化、语用与翻译、语用与心理、语用与认知等方面的创新成果。

我们曾征询国内外有关专家、教授、学者的意见，草拟了一份“文库”选题建议，发布在“中国语用学研究会网”（www.cpra.com.cn）上，供大家撰稿时参考。我们盼望我国从事语用学教学与研究的同仁能够积极支持这个“文库”的出版计划，踊跃撰稿，为进一步繁荣我国语用学的学术研究作出贡献。

“语用学学人文库”编委会

2012年5月

前　言

《语用翻译探索》，是笔者十余年来在《外语教学与研究》、《中国科技翻译》、《上海翻译》、《外语与外语教学》、《外语教学》、《语言与翻译》等学术期刊上发表的有关语用翻译论文的前期研究基础上，遵照《语用学学人文库》的要求，对论文内容和篇章结构进行了一些修改，并补充了一些最新研究成果，重新编排组合而成。

在章节编排过程中，主要考虑了以下因素：

（1）按照论文思想内容形成的思路。对于语用翻译的思考与探索，笔者经历了从当初模糊不定到近年逐步清晰的过程。对语用翻译的国内外研究现状进行了全面回顾、述评与前瞻，为该领域的未来研究指明了方向。在 Sperber & Wilson 的关联理论（1986）和 Gutt 的关联翻译理论（1991）基础上，提出“关联域”的概念，构建一个初步分析模式，把互文性翻译引入语用翻译的视角，透析文化意象的翻译过程，探析译者翻译过程中出现的逻辑矛盾。在关联翻译理论框架内，总结文化意象亏损补偿的语用翻译策略。在 Verschueren 的顺应理论（1999）的启发下，提出文学翻译的顺应论视角，构建一个新的理论范式。在吸收关联理论和顺应理论观点的基础上，提出“关联—顺应”翻译模式、“译文读者为中心的认知和谐原则”；探讨译者的主体意识在翻译时如何发挥问题；探究翻译教学中学生主体身份如何介入翻译过程；涉猎英语广告汉译过程研究。从“合作原则”的角度透析大学生幽默话语翻译等。

（2）按照论文发表的时间先后。所收集论文的发表时段为 2001 年至 2012 年。随着时间的推移，论文的学术观点也逐步深化。这样编排，有利于读者体验笔者逐步深入的研究历程。

（3）避免前后章节思想内容重复。目前所发表的论文所依赖的理论视角主要是关联理论、关联翻译理论、顺应理论、社会心理学理论等。为了避免每章理论回顾部分内容雷同与重复，在编排的过程中，在第一次出现相关理论依据时，对其进行较为详细的论述，在后续的章节以参照前文，采取夹注说明的形式标出，以供读者前后参照，方便阅读。

（4）反映语用翻译探索中的心路历程。目前语用翻译研究仍然是一个较新的研究领域，国外可供借鉴的相关文献也不是很多。在研究过程中，笔者一直处于摸索探讨、踯躅前行的状态。从1999年完成的硕士论文到2005年完成的博士论文，我始终如一地沿着语用翻译的道路前行。博士毕业之前，本人写了不少的读书心得和学期论文，但尚未发表；博士毕业后，语用翻译的学术观点比以前更加深入成熟。在这种情况下，未发表的论文投稿与否经常困扰着我，因为如果不及时发表，那么新写论文的观点就缺少了未发表论文思想内容的铺垫作用，无奈就比较仓促地发表在一些省级刊物上。另外，国内同时从事语用学和翻译学跨学科研究的学者相对较少，很多时候，自己要忍得住寂寞，经得起困惑，不怕前进道路上的困难，想方设法涉猎国内外语用翻译前沿性研究成果。2011年，我有幸被国家留学基金委公派至剑桥大学理论及应用语言学系，作为期12个月的访问学者，期间查阅了国外大量文献，并与该系的专家学者探讨，笔者发现，在语用翻译研究方面我们并不比西方学者落后，国内研究比国外研究“热闹”，这更加坚定了我把该项研究深入进行下去的信念。

本专著总共分为八个部分：

第一部分　语用翻译研究现状
第二部分　“关联域”翻译视角
第三部分　关联翻译理论视角
第四部分　顺应论翻译视角
第五部分　“关联—顺应”翻译视角
第六部分　“语用学分相论”视角
第七部分　新书点评与学术动态
第八部分　语用翻译研究展望

李占喜

2012年于剑桥大学理论及应用语言学系

目　录

第六部分　“语用学分相论”视角

第七部分　新书点评与学术动态

第八部分　语用翻译研究展望

第一部分

语用翻译研究现状

第1章　国内外语用翻译研究

1.1　引言

语用学是语言学中一个较新的研究领域，它研究在特定情景中的特定话语，研究如何通过语境来理解和使用语言。在以往的语用学专著中，大多数语用学家都把语用学看作是语言学的一个分科，与音位学、句法学和语义学处于平行地位，有自己的分析单元，如指示语、前提、会话含义、言语行为、会话结构等。语用学的任务就是对这些话语成分作出动态研究。这类研究，我们一般称为“语用学分相论”。与传统英美语用学派相对应，欧洲大陆学派著名学者 Verschueren 在 20 世纪 80 年代中期提出了“语用综观论”（The Pragmatic Perspective）：所有语言现象都可以从语用学的角度进行分析。在随后出版的《语用综观论：1985 国际语用学会精选论文集》（*The Pragmatic Perspective*：*Selected Papers from the* 1985 *International Pragmatics Conference*）中，他又阐明观点：“综观论是以语言顺应论作为核心进行语言使用问题的探讨。”后来，他经过多年的深入研究，对语言顺应论作了进一步修改与补充，直到 1999 年他的新著《语用学新解》（*Understanding Pragmatics*）出版，这一理论体系才得以系统化，并日臻完善。

今天，语用学的发展蒸蒸日上。随着人们对语用学理论研究的深入，一些学者开始从语用学的角度来阐释翻译方面的诸多问题。国外，Gutt（1991）的著作《翻译与关联：认知与语境》（*Translation and Relevance*：*Cognition and Context*）的出版标志着关联翻译理论的诞生，也标志着语用翻译研究已走向系统化。在 Hickey（1998）主编的论文集《语用学与翻译》（*The Pragmatics of Translation*）中，13 位西方学者从“语用学分相论”的不同分析单元对翻译进行了尝试性的研究，并表达了一些独到的见解。但就目前而言，“语用翻译是一个尚未深入探索的研究领域”（Linda，2001：310）。

国内学者（何自然，1988，1992，1997；钱冠连，1997；赵彦春，1999，2001；孟建钢，2001，2002；李占喜，2001，2005，2006，2007，

2008，2009，2012；马萧，2003，2006，2007，2012）借鉴语用学理论进行了翻译研究。笔者在中国期刊网上检索到有关关联翻译理论方面的论文（1994—2013）共211篇（其中外语类核心期刊25篇），从中国优秀博硕士学位论文全文数据库中检索到81篇；在中国期刊网上检索到有关顺应论与翻译相结合的文章18篇（其中外语类核心期刊8篇），从中国优秀博硕士学位论文全文数据库中检索到65篇，其中博士论文3篇。我们发现，无论是发表的学术论文，还是完成的学位论文，1994—2013年的论文数量都呈现出较快的增长趋势，论文的质量也在逐渐提高。

在本章，我们将回顾、梳理、评述国内外近20年的语用翻译研究。评述分为国外研究和国内研究两大部分，按照基于“语用学分相论”的翻译研究和基于关联理论、顺应理论的翻译研究的综述思路展开，并对相关语用翻译观点给予简评。

1.2　国外语用翻译研究现状

国外，最早把语用学的相关理论引入翻译研究的是Hatim和Mason（1990）。第一位系统地从事语用翻译研究的是Gutt。西方的语用翻译研究主要体现在基于“语用学分相论”和基于“关联翻译理论”两方面。我们对于前者的研究比较零散，而对于后者的研究则比较深入。虽然该项研究引起了西方学者的质疑，但Gutt的研究成果还是在西方翻译界争得了一席之地，并越来越具有研究的潜力。Setton则把关联理论和基于关联理论的翻译研究创造性地运用到口译翻译研究中去，取得了令人瞩目的研究成果。

1.2.1　基于“语用学分相论”的翻译研究

Hatim和Mason（1990）认为翻译是在一定社会情境下发生的交际过程；它是涉及文本产出者与接受者之间协商意义的一个动态过程，从预期的目的语文本可以追溯译者是如何进行译文语言选择的。译者在翻译的过程中，一方面必须透彻理解原文词语在语境中的内涵意义和隐含意义；另一方面必须在译文中忠实地对原文含义予以充分再现。他们把言语行为理论、真诚条件、Grice的合作原则等语用学观点引入翻译的相关研究中，提出把社会、文化因素与这些语用学概念整合在一起，来分析研究翻译中的某些现实问题。他们认为，译文不仅要在命题内容上而且要在言外之力方面达到语用等效。在语篇层面，译者没有恰当地再现原文的言语行为往往会导致译文交际的失败。语言使用者在社会机构中的权力和地位不仅会对语言形式，也会对话语预期的言外之力产生决定性的影响。Hatim 和 Mason（1997）对他们的观点进一步拓展和深化，并认为：译者站在动态交际过程的中心，充当原文作者和译文读者之间的协调者，一方面，译者努力克服传达原文意义时遇到的交流障碍；另一方面，译者作为原语文本的“特权”读者，他阅读原文是为了产出译文，解码原文是为了重新编码译文。

除了 Hatim 和 Mason 的相关研究，Hickey（1998）主编的 *The Pragmatics of Translation* 收录了 13 篇论文，以不同的语用“分析单元”为视角探讨了语用因素对翻译的制约和影响。在区分句法单位与句子单位的功能方面，Harvey 把句子定义为：赋予具有意义的语言单位以言外之力的功能。针对文化相对性会对言外之力的传达造成困难这一点，他提出了一些策略性的处理方法，比如英语使用语调、德语使用具有言外之力的小品词、匈牙利语使用语序焦点等。Malmkjær 通过研究 Grice 的会话含义理论发现，合作原则运用于文学文本的翻译时，译者遇到的困难主要和说话人对受话人知识语境的了解程度有关。House 在批判性回顾 Brown 与 Levinson 的面子理论的基础上，探讨了文本中的礼貌等效问题，区分了显性翻译和隐性翻译。前者如同引文，与原文的框架和语篇语境相互激活；而后者，译文无法激活原文所呈现的语篇语境，只有寻求等效的语言事件来传达作者的思想。Hatim 还在社会语篇中研究文本的礼貌问题，包括表达话语态度，主张体裁规约和通过实际文本保留修辞目的等，以及译者没有理由的干涉可能会产生不合适的归化译文，并不属于原文“异域性”的内容等。在处理新、旧信息或者主位、述位关系方面，Knowles 的研究表明：在俄语中，屈折词素，而不是词序在很大程度上标示了二者之间的关系；译者不得不决定如何使用译文语言的一切手段传达原文的主位、述位关系。Fawcett 使用德语和法语语料研究了词的搭配关系和词的外延意义给翻译带来的困难，这些困难迫使译者决定目的语读者是否或者在何种程度上需要译文暗示来理解原文话语的语用前提，而不是原文的明示意义。Richardson 使用西班牙语和英语文本作为研究语料进行了指示语的翻译研究，认为：在没有原文语境和参与者（作者和原文读者）的情况下，寻求语用等效涉及新文本的构建。在这个文本的世界中受众的新视野需要和其他现实集合取得联系。Zlateva 在更为具体的层面，以语用替代和语用指称为理据，探讨了跨语言的非共现现象（non-coincidence）是如何阻碍翻译等效的达成的。Schäffner 研究了政治语篇中模糊限制语的翻译问题；探讨了译者的调节作用，以及译者是如何“背叛”原文作者“模糊”的交际目的的。Higgins 研究了一些语言特征，如词序诗歌中节律的停顿、诗韵等在译文中对传达原文的言外之力所起的作用。他认为，必须使用一定的翻译策略使译文在读者中产生同样的反应效果。Hickey 建议：在一些文本，如法律文本中，清楚地说明这些文本的言后语用之力，有利于译文产生相似的效果，并且无须解释原文涉及的一些具体事实，而对于文学文本，则没有必要这样做。

1.2.2　基于关联理论的翻译研究

Gutt（1991）以关联理论为理论框架，构建出一个新的理论范式，把翻译视为一个认知推理的交际过程，并视翻译研究的对象为译者大脑信息处理机制的运作过程。他把翻译解释为语际间引述（interlingual quoting），把关联理论中语言使用的描述性用法和阐释性用法运用到语际间的语境中，并且把翻译的概念界定为类似于以直接引语交际的“直接翻译”和以间接引语进行二次交际的“间接翻译”。直接翻译发生在原语文本和目的语文本在交际线索和语义表征释义相似的情况下。间接翻译发生在原语文本和目的语文本功能方面，而不一定是交际线索和语义表征描述性相似的情况下。Gutt 感兴趣的是对直接翻译而不是对间接翻译进行理论上的解释。他认为，译文文本是与原语文本释义相似的接受语语段。他对翻译的论述隐含了这样一个观点：具有道德规范的译者，应该把原语文本中所有的交际线索阐释出来。

Gutt 从关联理论的角度深入系统地探讨了翻译的动态过程，他构建的理论范式在西方翻译理论界争得了一席之地，并且受到西方学者越来越多的关注。但是，西方一些有影响的翻译理论著作，如 Gentzler（1993），Baker（1998），Munday（2001）等人编著的著作并没有收录和介绍关联翻译理论的相关研究，从中我们可以推断出，Gutt 的观点受到了西方翻译研究学者的质疑与批评：不考虑翻译的目的，译者是靠什么来决定对作者意图的取舍与保留（Malmkjær，1992）？在不同的翻译语境里，由谁、怎样来确定“关联等级”（Tirkkonen-Condit，1992）？Gutt 对这些质疑没有作出令人信服的回答。有关这方面的综述，可参见王建国的论述（2005）。

笔者认为，Gutt 的贡献在于对译者思维运作的过程作出了具有说服力的阐释，但其缺陷也不容忽视：①过分执着于关联理论，对在他之前发表的语用翻译观点没有作出评述。②没有指出在二次交际情况下，译者的译文在与译文读者进行交际时出现的冲突与关联两个原则之间的关系。③最佳关联性是译者力争达到的目标，也是翻译研究的原则标准。这一原则标准似乎过于抽象。译者在翻译的过程中是怎样作出语境假设？具体在哪个层面上与目的语相关联？这些他都没有作出详尽的说明。④没有涉及文化亏损的翻译问题。

笔者认为，Gutt 研究问题不够深入的原因也许有以下几点：①他所依靠的关联理论在第一版中并没有清晰地界定最大关联和最佳关联这两个核心概念。所以，他就不可避免地表述得不够清楚。事实上，在原文话语传达的最大关联的基础上，译者在与原文作者的跨文化对话中，结合原文的词汇信息、逻辑信息和百科信息，找出作者试图传达的最佳关联，这才是译者在译文话语中应该传达的。②他的翻译理论没有对文化亏损现象作出有力的阐释，也许是由于英语、德语两种语言都具有古希腊文化、古罗马文化的历史渊源和文化背景。可是，一旦中国的翻译研究者将关联翻译理论框架套用到具有独特文化意象的英汉语料中，那么该研究范式不能对文化亏损现象作出阐释也就不足为怪了。

Setton（1999）运用关联理论研究口译，富有创见地构建同声传译认知语用学理论（Cognitive-Pragmatic Theory of Simultaneous Interpretation），其研究是近十多年来同声传译研究领域取得的一项重大突破。他从现代语言学和认知学理论角度，评述同传翻译研究现状，指出笔译和口译语料对于研究语言和思维关系所具有的价值。他试图突破阻滞口译研究的前沿性课题，即如何借鉴言语交际理论（a theory of speech communication），对交际者，尤其是口译者的表征现有知识和交际语境进行研究。依据关联理论关于人类的理解过程是由寻找最佳关联来主导的观点，Setton 认为：在口译场景下，讲话人传达出的认知效果可以从其话语内容中推导出来；口译人员要预先考虑所承担的翻译任务并搜集相关信息，这样在其大脑中便有了对该话语内容及其意图的实际期待。随着讲话人话语内容的展开，口译员的解读，不论是逻辑命题还是内容词（content words），都会自动传达到其所关联的思维网络，由此升级或者改变潜在语境的宏观结构。他还认为，同传翻译中的构思来源（sources for formulation）可以分为主题性（thematic）、逻辑性（logical）、语用性（pragmatic）三个方面。同时，他提出同传翻译四原则：语用渐进原则（SI Principle of Pragmatic Incrementality）、占位原则（SI Placeholding Principle）、效能原则（Principle of Efficiency for an SI Mental Modal）、语用补偿原则（SI Pragmatic Compensation Principle）。他主张：同传翻译的认知—语用研究对于理解翻译、语言和思维具有重要的作用，因为语言交际涉及交际者意图、其对世界的心理表征和语言工具之间的三维互动，而同传翻译正好把意图、内容和语言处理在译员的大脑中的认知活动凝聚在一起，由此在研究人们如何利用相互的心理能力（mental abilities）和认知资源进行语言交际方面，使语用学成为认知心理学和语言学之间的一架自然桥梁，在认知模式化（cognitive modeling）

和语言描述无能为力时，认知语用分析便可以发挥应有的作用。从根本上来讲，这种模式是一种心理学分析模式，它通过心理表征（mental representation）来识别语言反映的世界、意向性和意义。

Setton（2005）从认知语用学的视角，聚焦口头话语本身提示语（the cues in the speech itself），认为它们可以提示听话人寻找语境进行推理理解原文话语。他采用关联理论假设——人类语言交际本身承载着自身的关联性，以及格莱斯传统会话含义理论中的理论假设——人类语言交际由作者引导读者寻找语境，以获得他试图传达的认知效果。其研究表明，认知语用学可以填补理论上的空白，来理解口译语料。Setton（2006）依据关联翻译理论，把"翻译为语言间释义相似语言的使用语段"的观点，引入口译翻译研究。他认为：口译，尤其是同声翻译，是在现场进行的。译员与在场出席人员共享大部分具有明晰性的认知语境，因而他能更好地投射和控制他的听众，来认知处理他的译文话语语境；译员口译侧重于依赖现场语境和听众的推理能力；语用推理受到现场语境补偿时间的限制。他指出：关联理论把翻译聚焦点从语言刺激（linguistic stimuli）转向语境刺激（stimuli-in-contexts），这就要求我们既要抓住口译、笔译的认知参数，又要与认知科学和社会科学的其他领域相联系。

1.3 国内语用翻译研究现状

最近几年，在国内翻译界，翻译研究似乎没有太长的"寂静期"，越来越多的中国学者开始对语用翻译感兴趣，并进行尝试性的研究。最早把语用学的相关理论引入翻译研究的是何自然、段开诚（1988）。林克难（1994）最早把关联翻译理论介绍给国内翻译界，使得中国学者开始接触到一个新的研究视角。国内学者借鉴"语用学分相论"、关联理论、关联翻译理论、顺应理论的翻译研究，是随着这些理论在国内日益成为语用学界研究热点而逐步展开的。

1.3.1 基于"语用学分相论"的翻译研究

何自然、段开诚（1988）认为，语用等值翻译的一个重要问题是如何做到"言外之力"等值。为此，译者必须认真研究原文语言和译文语言在表达"言外之力"时所使用的语言手段的不同之处，并注意它们所反映出来的社会、文化方面的差异；翻译过程中，译者首先应该了解原文的文化背景，解读出原文话语的"言外之力"，还要注意其力度和立意程度的一致。后来，何自然（1992）把他的观点系统化：语用翻译可以通过两种语言的对比，分别研究语用语言等效和社交语用等效的问题。在翻译中的语用语言对比方面，力求翻译中的语用语言等效，必须注意原著的“语用用意”，注意从原著的角度看原文在语境中的含义；力求语用语言等效，就要注意将原作隐含在各类指示词语中的意向或语用用意清楚地表达出来；翻译中的语用语言等效包括要选择合适的译文语言形式来表达原文的意向或语用用意。在翻译中的社交语用对比方面，要达到语用等效，译者就要从社会、文化的角度去考察语言的使用。何自然教授在翻译学方面提出翻译要注意原语与译语在语用上的差异，主张将语用学理论用于翻译，解决原语与译语之间的“语用—语言”和“社交—语用”方面的等效问题。何先生的研究开辟了翻译研究的一个新领域（杨自俭、刘学云，1997：798～799）。

钱冠连（1997：295～297）认为，语用学可以研究翻译者在附着符号束、语境及智力干涉的参与和干涉之下，对多于话语字面的含义是如何作出处理的。他认为，原叙述者在叙述语言中的隐含意图与人物话语的隐含意图时，必须专注于译文。不能“没收”或取消某个语用隐含，也不必刻意添加一个语用隐含，或将原来语面上的明显示义译变为语用隐含。笔者同意钱先生的观点，因为，一方面，原文中的语用隐含是作者试图传达给读者的某种意境效果（poetic effects），忠实地传达之，应该是译者神圣职责的一部分；另一方面，译者也应该把自己心目中的意向读者视为具有主观能动性的“异域文化”的接受者，相信他们在认知处理译文时有能力推断出字里行间的语用隐含。换句话来说，读者能够发挥自己的想象力去填补作者在原文字面意义上遗留下来的语义空白。

在语用失误、语用等效的观点与实用文体翻译相结合的研究方面，张新红（2000）以实地收集的社会语用的英译为研究对象，分析了社会语用英译中存在的各类语用失误，探讨了造成语用失误的背景和原因，并提出了一些解决方案。王银泉、陈新仁（2004）从交际信息失真、施为功能错位、语言礼貌蜕变、译文刻板不够贴切、地道等方面对标识用语英译失误进行了剖析，提出了约定俗成是标识语英译中不可忽视的原则。李怀奎、李怀宏（2004）采用实地调查的方法收集了广西桂林 8 个景区 167 处标识名称的英语对应语，通过问卷方式对标识语汉译英进行语用等效的实证研究，认为翻译景观标识名称时，要注意原语和译语的语用习惯和语用等效问题。刘建刚、闫建华（2005）对告示类文本进行了语用等效翻译研究，认为译者要充分发挥语境的作用，不仅要充分调用文本内信息，而且应根据需要适当增加文本外信息，扩大认知语境，运用恰当的照应词语和标识性提示语，增加关联度和互明度，以降低译语读者的理解难度，力争达到语用等效的目的。赵湘（2006）从中英标识语文化差异的角度，探讨了文化差异对交际所产生的影响，并从语用的角度探讨了中英标识语的翻译。陈淑莹（2006）从语用语言方面的失误和社交语用方面的失误等方面阐述了英译标记语的语用失误现象，强调标示语翻译应注重语用语言等效和社交语用等效。

在语用学理论与口译研究相结合方面，廖开洪（1999）探讨了“合作原则”在口译中的作用。他认为：合作原则可以帮助口译人员有的放矢地在说话人和听话人之间建立起某种合作关系，使听者能接收并理解说话人传递的信息或特殊意义；同时，合作原则可以作为一种有效的标尺依照质、量、关联、方式的准则来衡量口译的质量。莫爱屏、蒋清风（2006）从关系语用学的角度阐述言语交际中交际者、语言和语境三者之间的关系，探讨这三者在口译过程中的互动关系，从而为揭示言语交际中复杂的语用过程提供一种新的视野。

1.3.2　基于关联理论的翻译研究

何自然（1997）最早探讨了关联理论对语用翻译的启示：要准确理解原文必先重视原文的语境，通过对语境的分析，找出原文与语境间的最佳关联，从而取得理解原文的语境效果；寻找关联，要靠译者的百科知识、原文语言提供的逻辑和词汇、原文的文化背景等一些对理解原文有用的信息；译者应该处理好他与作者及目的语读者之间的三元关系。

赵彦春（1999）认为：关联理论是一个强有力的理论，它给翻译提供了一个统一的理论框架，奠定了翻译本体论和方法论的理论基础；翻译是一个对原语（语内或语际）进行阐释的“明示—推理”过程，译者要根据交际者的意图和受体的期待进行取舍。译文的质量取决于相关因素的趋同度。他还以关联理论为工具证伪了翻译理论界的两个超级酵母：不可译性和对等性原则，由此佐证了关联翻译理论的合理性和解释力。另外，他（2001）还探讨了关联理论和翻译的关系。他认为两者有很好的兼容性，并且关联理论对翻译现象（包括文化亏损）有着迄今为止最强的解释力。

赵彦春是国内较早深入研究关联翻译理论的学者之一。他的文章在当时国内翻译界产生了一定的影响，并引起了较大反应。王斌（2000）发表了与其不同的学术见解。他认为在解释最佳关联赖以存在的文化亏损模式是如何传递到另一个文化认知心理图式中去时，关联理论无法给出令人满意的答案，而文化亏损如何传递若得不到解决，对跨文化的翻译交际也就难以作出全面的解释。对于两位学者在观点上的分歧，张春柏（2003：

15～17）认为，“产生这种误解的重要原因之一，是没有准确理解关联翻译理论中的一个核心概念——Gutt 关于直接翻译和间接翻译的思想”。与此同时，他还重点讨论了 Gutt 关于直接翻译的思想，通过对文学翻译实例的分析，从一个侧面澄清了人们对关联理论的一些误解，从而证明了这个理论对包括文学翻译在内的跨文化语言交际具有充分的解释力。

张新红、何自然（2001）讨论了语用学理论对翻译研究的启发以及语用翻译的实际运用，并认为翻译的语用观实际上是一个作者、译者和译文读者之间动态的三元翻译观。孟建钢（2001）认为，作为交际活动的翻译者，在原语的理解和翻译过程中对语码的选择所依据的是关联原则；译文语篇连贯的重构过程是译文读者寻找关联的过程。孟建钢（2002）还对翻译原则二重性的问题进行了探讨，认为翻译策略的选择主要取决于作者和译者的交际意图；最佳关联概念可以有效地解释异化原则和归化原则的运用及其对立统一的问题。马萧（2003）依据关联理论，从认知的角度对英汉话语标记语进行分析，指出在翻译过程中，译者首先要善于识别原文中的话语标记语，领会其语用用意，理顺标记语前后话语之间的关系，并注意两种语言使用话语标记的差异，灵活处理，译出其语用功能。宋旭、杨自俭（2003）以关联理论为参照，尝试建立译者对原文理解的推导模式，从认知语用学的角度描述了译者对原文的理解过程。

张景华、崔永禄（2006）认为，关联理论中翻译的本质是解释性运用的观点蕴含实践哲学思想。从宏观上来看，关联翻译理论与实践解释学在基本概念上具有共通性；从微观上来看，以最佳关联性为条件的解释性运用解决了翻译中解释学的基本问题。冉永平（2006）认为，翻译涉及语用维度，译者需要对信息空缺、信息断点等进行语境补缺及语用充实。一方面需要对原语进行以语境为参照的信息补缺，获取交际信息；另一方面需要对译语进行以读者为中心的语用充实与顺应，选择得体的译语形式，即寻找原语与译语之间的最佳关联，以求最大限度地实现语用等效。李占喜（1999）以关联理论为理据，提出“关联域”这一概念，以文化的本体论特征——文化的民族性、传承性、流变性、兼容性等为参照来探讨互文性翻译在文化层面上出现的信息意图或交际意图的文化亏损现象（2001）。他将互文性翻译引入关联理论的视角（2000，2001，2005），分析了文化意象翻译过程中出现的文化亏损现象（2006），并尝试性地概括和总结了翻译过程中译者思维运作的特点，如关联性、动态性、不确定性等（2007）。王建国（2009）评述了国内外关联翻译理论的研究状况，对关联理论及其翻译理论，以及翻译中的推理空间等距原则和补充原则提出了新的认识，并据此讨论笔译和口译、回译、文化翻译、科技翻译等实践问题。与此同时，他还关注了当前翻译研究中的热点问题。涉及翻译单位、翻译中的隐化与显化、英汉词典例证翻译、翻译文学中译者和读者的义务、英汉疑问句翻译等课题。陈科芳（2010）以《红楼梦》及其两种英文译本为对象，通过定量和定性相结合的研究方法，在分析整合语用学原理优势的基础上，提出了基于关联理论的语用推理机制，并且据此来描述翻译现象，尤其是文化负载词的翻译问题，最后他还提出了一个多元的描述性翻译过程框架。

1.3.3　基于顺应理论的翻译研究

戈玲玲（2001）较早地从 Verschueren 的顺应论视角，探讨了语境关系是如何制约译者的词义选择的。她（2002）对翻译标准作出解释并论述了顺应论对翻译的启示。作者对语用翻译标准的讨论落脚在“信、达、雅”和“信、达、切”上，笔者认为，这些标准是中国传统译论的翻译标准，目前好像还没有学者从语用学的角度提出语用翻译标准。

宋志平（2004）从顺应理论角度审视了翻译现象及其本质，认为翻译活动是一个不断选择的过程，从译什么到怎么译，无不贯穿着社会、文化和认知等因素的互动选择机制。顺应理论不仅可将翻译理论纳入一个连贯统一的框架，而且在动态顺应、意识程度等方面的探讨，也为拓宽翻译研究的发展空间带来了诸多有益的启示。笔者认为，语言具有变异性、协商性和顺应性的特征是交际者语言选择呈现动态性的语用机理，这三个特征贯穿于译者译文选择过程的始终。倘若宋志平先生抓住这三个核心概念进一步深入下去，相信他的研究会更系统、更完善。

李占喜（2002，2004，2007）在顺应理论框架的基础上，尝试性地提出了文学翻译的顺应论，从语境关系顺应、语言结构顺应、顺应的动态性以及翻译过程中译者的语用意识四个相互联系的方面，对翻译过程进行了阐释与探讨。他认为，文学翻译过程是译者在目的语认知语境中进行语言选择来阐释源发语文化的过程；译者之所以能够对目的语语言作出恰当的选择，是因为目的语与源发语同样具有变异性、协商性和顺应性的特点。在顺应的过程中，译者必须使自己的翻译行为及思维运作顺应源发语与目的语双方的认知环境，只有这样，他的译文选择才能确保不同文化之间的交际活动得以顺利进行。

马萧（2006，2012）依据顺应理论，构建了《翻译适应变异论》的理论框架，以探讨翻译中普遍存在的变异现象。他认为翻译作为跨语言、跨文化交际，必须涉及翻译变异，可以说没有变异就没有翻译。翻译变异的动因是为了适应变化了的新语境，因此，翻译适应性是翻译的本质特征，翻译变异性在翻译活动中具有普遍性。该理论讨论了翻译语境与译文选择之间的关系，认为“意识程度”是翻译语境要素的认知过滤器，解释了翻译语境要素对译者的影响机制。他把翻译适应性分为强制性适应和选择性适应。前者指翻译必须无条件地适应目标语系统中的基本构建规则和规范，后者指译者在某一具体翻译语境中对译文作出多种选择的可能性。据此，他提出了三个指导性的翻译原则：适应性原则、条件性原则和变异性原则，并且认为翻译变异即翻译适应的一种创造性策略。

1.3.4 基于关联理论和顺应理论相结合的翻译研究

李占喜（2005，2007）从“关联—顺应研究路向”的语用学视角对翻译过程进行了研究。该视角是在关联理论和顺应理论相结合的基础上尝试性构建出的一个新理论范式：在翻译的过程中，一方面要求译者在原文认知语境中寻找关联，正确认知和处理与作者的交际意图相匹配的最佳关联；另一方面，又要求译者在最佳关联的引导下，确保译文读者以认知和谐的方式对其作出动态顺应，从而使读者在译文话语中正确把握作者的信息意图和交际意图，以满足读者的审美期待和接受能力，从而使跨文化交际得以顺利实现。该理论范式旨在研究翻译过程中译者大脑思维运作的动态过程；揭示译者交际能力的潜在可能性；用其构建的理论体系来阐释翻译过程的相关方面。

徐盛桓教授认为，“……作者丰富和补充了以前一些以关联理论为视角进行翻译研究的观点，使本文具有一定的理论价值和实践意义”。罗选民教授认为，“这是一部比较有创意的博士论文。……作者在论文中将翻译过程分为语篇释义的交际过程和语篇产出的交际过程。前者是一个寻找关联、明示及推理的过程，而后者是考虑如何让语言选择与读者的认知达到和谐。虽然与西方学者尤金·奈达（Eugene A. Nida）的‘分析—重构’有相同之处，但本文在方法上更具有阐释性和可操作性。……将关联理论和顺应理论相结合，加强了不同学科理论的融合，是对 Gutt 关联翻译理论的发展和补充”。何自然教授认为，“本篇论文结合所学的语用学理论，对翻译过程作出了有见地的阐释，并具创见，是一部力作”。卢丹怀教授认为，“... The dissertation deserves more merit in that the author makes attempt to explore the translators' process of work by setting up the framework of Relevance Theory and Adaptation Theory. Albeit new among the studies of this type, this approach is potentially meaningful and powerful in providing a better understanding of the translation process, which is a complex issue pertaining to cross-cultural language studies.”

1.4　结语

在本章，我们回顾了国内外语用翻译研究近20年的发展历程，梳理和展示了西方学者和中国学者在该方面的研究成果，为语用翻译研究勾勒了一个概览式的学术背景。我们对相关学术观点进行了评价，既肯定了前人研究的贡献，又指出了其研究存在的某些缺陷。这将为后续相关研究提供“突破口”或者“切入点”，相信在不久的将来会出现更多具有创新性的学术观点。

第二部分

『关联域』翻译视角

第2章　互文性翻译

2.1　引言

自从 Sperber 与 Wilson 于20世纪80年代中期提出关联理论以来，该理论已成为西方学者从事翻译研究的一个新视角。它将语用学的重点转移到认知理论上来，同时也成了语用翻译的指导性理论。Gutt 在关联理论基础上著书立说，出版了《翻译与关联：认知与语境》一书，提出了关联翻译理论。这一理论已经在翻译研究领域争得了一席之地，并引起了西方学者越来越多的关注。它旨在研究翻译过程，这一理论的研究方法将为翻译研究开辟一个具有前景的领域。

2.2　理论回顾与“关联域”

Sperber 与 Wilson（1986）的专著《关联性：交际与认知》（*Relevance: Communication and Cognition*）“给认知科学打下统一的理论基础”（封底的文字说明）。作者希望通过书中提出的理论和方法，“找出我们所需要的所有有关语言交际的理论”。该书主要不是讨论如何通过语用学理论去解决实际问题，而是概述出一条总的认知原则——关联原则。在第二版中作者又将原来的一条原则改为认知和交际两条原则，即关联的第一（或者认知）原则：人类认知常常与最大关联性相吻合；关联的第二（或者交际）原则：每一个明示的交际行为都应设想为它本身具有最佳关联性。在第一版中，Sperber 与 Wilson 区分了最大关联性和最佳关联性。最大关联性就是话语理解时付出尽可能小的努力，获得最大的语境效果（the greatest possible effects for the smallest possible effort）；而最佳关联性就是话语理解时付出有效的努力之后，所获得的足够的语境效果（adequate effects for no unjustifiable effort）。人类认知往往与最大关联性相吻合，因而交际只期待产生一个最佳关联。在新版中，他们归纳出这两条原则，就是希望通过区分两条关联原则之间的差异，来消除这样一些误解，即在管束交际和认知的两个方面人们只主张最大关联这条单一的原则。关联性是一个相对的概念。它的强弱取决于两个因素：推导努力（processing efforts）与语境效果（contextual effects）。在同等条件下，推导努力越小，则关联性越强；语境效果越大，则关联性越强。

Gutt（1991）的关联翻译理论把翻译视为一个认知推理的交际过程，认为翻译研究的是译者大脑信息处理机制的运作过程。关联翻译理论认为译文应该是同原文释义相似的接收语语段。最佳关联性是译者力争达到的目标，也是翻译研究追求的原则标准。译者的责任是努力做到使原文作者的意图（intention）与译文读者的期盼（expectation）相吻合。为达此目的，译者负有双重推理的责任。首先，译者必须体会出原文作者的意图，即他试图传达给读者哪些语境假设，同时译者还必须了解译文读者的认知环境。换言之，译者首先要了解原文作者试图传达给原文读者的语境假设在译文读者的潜在语境中是否存在。其次如果存在，则要考虑从中调出所需要的语境假设是否十分费力，推导努力和语境效果是否相称等问题。

立足于关联理论和关联翻译理论，笔者提出了“关联域”这一概念，并将其定义为“在翻译过程中译者思维运作的跨文化区域”。它包括以下内容：翻译是一个认知推理的交际过程，其研究对象是译者的大脑信息处理机制的运作过程；翻译可以视为语际间释义相似的语段（Interlingual Interpretive Use）；译者作出语境假设寻找关联时，必须使他的思维与原文作者的认知环境和译文读者的认知环境相关联；译者必须履行责任，使原文作者的意图与译文读者的期盼相吻合；译者应在原文文本明示的基础上，根据原文的词汇信息、逻辑信息以及他的百科信息作出语境假设，寻找关联。

2.3 互文性与“关联域”

回顾以上理论，它给我们一个很大的启发：“互文性”可以作为寻找关联的最佳例证。法国后结构主义文艺批评家 Kristeva（1969）提出了一个“互文性”的概念。她认为一个文本总会同别的文本发生这样或那样的关联，因为任何一部文学作品总是浸润在由该民族的文学、哲学、宗教、传统、习俗、传说等构成的文化体系之中，同时又与世界上别的民族文化有着相互影响、借鉴、交融等千丝万缕的联系，总会与前人或同时代的人的思想或话语发生种种直接或间接的文字关系。互文性的关联因为所属文化圈的隔膜，往往不为处于另一文化体系中的人们所知晓，成为语际转换中的“超语言因素”，从而造成理解与交际的障碍。

本章从“关联域”的角度，分析互文性翻译时出现的信息意图或交际意图的文化亏损。我们将信息意图定义为原文作者试图传达的字面意义；交际意图定义为信息意图所产生的联想意义或意境。文化亏损是误将文化差异当作文化共核，以源发语的文化模式来硬套目的语将导致交际失败，以目的语的文化形象重新取代源发语的文化形象则会获得交际成功，然而，如此却使源发语文化有所亏损（钱冠连，1994）。如下面这一译例：

《登岳阳楼》

杜　甫

昔闻洞庭水，今上岳阳楼。
吴楚东南坼，乾坤日夜浮。
亲朋无一字，老病有孤舟。
戎马关山北，凭轩涕泗流。

As I lean on the balcony my tears stream down.

这是著名的汉学家 Graham 为此诗最后一句给出的译文。因为他对该句译文很不满意，致使全诗译文没有发表。Graham feels that “Du Fu（杜甫）will on occasion speak of his feelings, or at any rate of his tears, with a simplicity which falls rather flat in English.”（王佐良，1997：16～17）Graham 认为他的译文不能逼真地传达杜甫忧国忧民的感伤情怀。他觉得“tears”很难传达“涕泗”所表达的情感力量。《现代汉语词典》（1983：833）对“涕泗”解释为“涕，眼泪；泗，鼻涕”。但事实上“tears”不仅与“涕泗”有几乎相同的字面意义，而且二者表达的情感力量也难分上下。问题在于 Graham 忽视了“凭轩”这个词的情感桥梁作用。该词是一个包蕴丰富文化内涵的独特文化意象，在中国文化里具有广泛的互文性。

让我们看以下互文：

（1）闻君亦多感，何处倚阑干。

（杜牧：《初春有感寄歙州邢员外》）

（2）独自莫凭栏，无限江山，别时容易见时难。

（李煜：《浪淘沙》）

（3）怒发冲冠，凭栏处，潇潇雨歇。

抬望眼，仰天长啸，壮怀激烈。

（岳飞：《满江红》）

（4）今何许，凭栏怀古，残柳参差舞。

（姜夔：《点绛唇》）

（5）梳洗罢，独倚望江楼。……肠断白苹洲。

（温庭筠：《望江南》）

（6）十载飘然绳检外，樽前自献自为酬。

秋山春雨闲吟处，倚遍江南寺寺楼。

（杜牧：《今昔游》）

据查，“凭栏”或“倚栏”的译文如下：

（1）lean on balustrade （Hale 译）

（2）lean on railings （许渊冲 译）

（3）lean on rails （许渊冲 译）

（4）lean on rails （Frankel 译）

（5）on the railings I lean （许渊冲 译）

（6）lolled against the pillars of （Craham 译）

由此，我们可以清楚地看出“凭轩”或“凭栏”具有丰富的互文性。从“关联域”的角度来看 Graham 给出的“凭轩涕泗流”的译文，我们认为在翻译过程中，一方面译者必须领会诗人的意图，即诗人想用这一句表达他忧国忧民以及自己的政治抱负不能实现的感伤情怀；另一方面译者必须作出语境假设，在译文读者的认知环境中寻找关联，从中选择出“tears”一词来表达“涕泗”的近似意义。译者从译语读者的认知环境中调出“tears”一词无须花费太多的推导努力。然而，Graham 所作的语境假设并不恰当，最佳的语境假设应落在“凭轩”这个不太引人注意的词上。

从原文的诸多互文中可以看出具有丰富互文性的“凭轩”一词在作者（或中国读者）的认知环境里，是一个独特的文化意象。在中国传统文化里，“凭轩”或“凭栏”似乎成为文人骚客的一个“动作符号”，被笼罩在一种“感情晕轮”里。这一符号意味着有某种强烈的感情或情绪要宣泄，或忧国忧民，或儿女情长，或孤愤难平。

我们再回头分析 Graham 的难题，杜甫登上岳阳楼，极目远眺，乾坤在胸，神兴逸飞；可转念回到现实“亲朋无一字，老病有孤舟”，再想到“戎马关山北”，不觉黯然神伤。从心旷神怡、黯然神伤到“涕泗流”这一感情高潮，“凭轩”担当了不可缺少的情感桥梁。在中国读者的认知环境里，因其特殊而丰富的文化内涵使感情递进自然有序，然而在译语读者的认知环境里，“lean on the balcony”没有原句的感情色彩，是一个干巴巴的动作，情感“桥梁”断了，因而使“my tears stream down”显得突兀、别扭，难免“falls rather flat in English”。

翁显良教授不赞成Graham将“倚遍江南寺寺楼”一句译为“... lolled against the pillars of ...”，因为“登临”或“凭栏”是中华民族志士仁人表达情感的特殊行为，而译文却使译语读者品味出一种丑态，这与杜牧忧国忧民的形象格格不入。

从上面例句提供的六个语境假设中，换言之，在具有中国民族特色的文化背景中，推导出“凭轩”这一独特文化意象的文化内涵为“表达作者或忧国忧民或孤愤难平或儿女情长等情感”，无须花费太多的努力便可得到最佳关联。译者在寻找关联的过程中，实际上也使自己的思维与译语读者的认知环境相关联，寻找出“lean on the balcony”来译“凭轩”一词。但他没有使自己的思维与诗人的交际意图相关联，因为译语读者从译文中体会不出杜甫忧国忧民和其政治抱负不能实现的感伤情怀。因而译者用源发语中的“凭轩”套用译入语中的“lean on the balcony”，这样使交际失败，也就是说他的译文不能充分传达杜甫的交际意图，从而使“凭轩”所包蕴的作者的交际意图出现了文化亏损。更确切地说，译者通过他的译文不能使诗人的意图和译语读者的期盼相吻合。从翻译作为语际间的释义相似接收语段来看，我们可以这样评价：Graham的译文释义相似于杜甫表达的信息意图，而不是交际意图。当然，我们也可以推测出Graham缺乏对中国读者认知环境中“凭轩”这个独特文化意象的百科知识。也许是受诗歌格律的限制，上面列举的六种译文中，都存在着文化亏损，译者应该对“凭轩”这一文化意象作出解释或加注以免产生不必要的文化亏损。

2.4　结语

从以上分析中，我们可以得出如下结论：从“关联域”的角度来看，互文性是寻找关联的最好例证。翻译时寻找互文性的过程就是在不同的文本中寻找关联的过程。译者必须对源发语文本作出语境假设，以找出最佳关联，即抓住互文性的社会意义或文化内涵。毫无疑问，探寻互文性的关联对于译者来说，需要花费较大的推导努力才能获得语境效果。译者必须通过他的译文使原文作者的意图与译语读者的期盼相吻合。也就是说，他必须使译文的释义既相似于作者的信息意图又相似于作者的交际意图，以便使互文性翻译中的文化亏损降到最低。怎样处理互文性的问题，归根结底，是一个译者的文化素养问题。

第3章　文化的本体论特征与互文性翻译

3.1　引言

刘宓庆（1999）认为：文化作为一种“原本性的存在”具有本体论特征，主要包括文化的民族性、传承性、流变性以及兼容性四大特征；它们之间是相互联系、相互依存和相辅相成的。在本章，我们以“关联域”（参见第2章，第15～16页）为视角，从文化本体论特征的四个方面，探讨在研究翻译互文性的过程中，译者的大脑信息处理机制是如何运作而导致其信息意图或交际意图出现文化亏损的。

3.2　文化的民族性与互文性翻译

“文化的民族性全面表现在文化的各个层面……民族性之最深刻的文化表现是心理的、精神气质的和思维方式的。”（刘宓庆，1999：15）世界各民族的文化都有自己的民族特点，这与其历史背景、文化渊源、风土人情是分不开的。富有民族性的文化意象大多凝聚着各民族的智慧，是历史文化的结晶。其中相当一部分文化意象还与各个民族的传说及原始初民时期的图腾崇拜有密切的关系。它们逐渐形成一种文化符号，具有相对固定的、独特的文化含义。在翻译具有民族特色的文化意象时，由于文化圈的隔膜、译者百科信息的欠缺，互文性翻译中的信息意图或交际意图往往很难传达好。

（1）a. 那胡正卿心头“十五个吊桶打水，七上八下”。

（施耐庵：《水浒传》第26章）

Hu Cheng-ching was very much upset by this and his heart was beating like fifteen buckets being hurriedly lowered into the well for water— eight going down while seven coming up.

(Shapiro 译)

b. 他这一阵心头如同十五个吊桶打水，七上八下，老是宁静不下来。

(周而复:《上海的早晨》第52章)

His mind was in turmoil these days and he was quite unable to think straight.

(Barnes 译)

当译者翻译“十五个吊桶打水，七上八下”这个互文性歇后语时，必须作出语境假设，在英美读者的潜在语境中寻找关联。但因为在译入语读者的认知环境里不存在类似的打水装置，因此，即便译者花费较大的推导努力，也难以达到应有的语境效果。Shapiro 用了直译的方法，他的译文不能使英美读者抓住原句文化内涵：心情忐忑不安。也就是说译者只传达了作者的信息意图，而该歇后语所产生的联想意义、意境则没有传达出来，因而导致这一互文性翻译在交际意图上出现了文化亏损，译者没有使原文作者的意图与英美读者的期盼相吻合。

Barnes 借助百科信息，作出恰当的语境假设，抓住了“十五个吊桶打水，七上八下”的文化内涵，在英美读者的认知环境中，寻找到了最佳关联“one's mind be in turmoil”。在翻译过程中，Barnes 使他的思维与作者的认知环境及英美读者的认知环境相关联。他也许知道“十五个吊桶打水，七上八下”中的“七上八下”与形容人的心情忐忑不安的成语“七上八下”谐音，但其译文使“十五个吊桶打水，七上八下”的文化意象出现了信息意图的文化亏损，因而不能忠实地传达中国文化中这一独特的文化意象。从译文应该是同原文释义相似的接收语语段来看，我们可以这样评价：Shapiro 的译文释义相似于原文作者的信息意图，但交际意图出现了文化亏损；Barnes 的译文释义相似于作者的交际意图，但文化意象所承载的信息意图出现了亏损。

因此，对于互文性文本中蕴含的文化民族性的再现，译者很难做到同时传达文化意象的信息意图和交际意图。直译往往会保全文化意象的信息意图，而使其交际意图出现文化亏损。即便如此，译者也应该尽可能忠实地传达其信息意图。至于交际意图，我们认为：随着译文读者经验视野的不断变化，独特的文化意象蕴含的文化背景所唤起的交际意图就会不断地被译语读者理解与接受。这样就能使他们逐渐熟悉原文作者的认知环境，进一步加深对文化民族性的认识与理解，从而补偿互文性文本翻译过程中出现的交际意图的文化亏损。

3.3　文化的传承性、流变性与互文性翻译

民族的文化特征一旦经历了历史的整合形成某种特定的“格局”从而具有整体性（Keesing，1958），就可以在这个民族或社会中融贯千秋万代，成为一种相对稳定的遗传信息量。文化的传承性和延续性是我们在语义解码和文体解读中的重要线索（刘宓庆，1991：17）。文化的传承性在人类学中称为“文化的能动性”（Dixon，1928）。文化的能动性实际上是一种双向运动：一种倾向是传承而发展，另一种倾向是演变而消亡。文化的能动性深深地影响了语言，尤其是语言中的语义。

民族文化思想具有稳定的遗传信息量，但这种遗传信息量是相对的：传承可能中断。文化的流变性发展充分地表明“文化”实际上是一个开放的系统。文化本身具有某种“自我校正机制”（self-connecting mechanisms）。一方面，某些被认为具有文化传承性的习俗、价值观念和信念在孤立状态的文化模式中可能处在“平衡”或“均势”中，停滞不前；另一更不容忽视的方面是在文化体系内部可能产生一种恒定的方向性——“文化流变”（cultural drift），它冲击着文化的稳定性，包括观念、信念、信仰和生活方式等。

我们认为，互文性文化的传承性与流变性是一个对立统一体。互文性文本的代代相传，会遗传相对稳定的信息，这样可以使丰富的互文性文化成为文学宝库中的精华财富。在互文性文本语内的翻译转化过程中，此文与彼文牵合，无此文则无彼文；此文消解，彼文也就自行消解。不过，即使是照搬“原文”，也还是要有些新意。因为“原文”之“原”本不可得，所以只能“得意”而忘“言”。让此“意”不断重复，以示创新。这样，创作与解释都在“意”中聚焦（蔡新乐，2000：57）。在语际翻译过程中，我们认为：译者在解读互文性文本时，出现互文性文化的流变在所难免。一则由于译者与原文作者所处时代差异或地域差异所致；二则由于解读互文性文本必然受到译者自身的百科信息、思想意识、文化素质、生活阅历等因素的影响；三则由于历史的沿革、时代的变迁，互文性文本的文化内涵也会发生这样或那样的流变，因此互文性文本所承载的丰富的文化内涵在传承的过程中或多或少会出现信息意图或交际意图的文化亏损。

(2) a. 你做中堂的是“宰相肚里好撑船”，我生来就是这个脾气不好。

(李宝嘉:《官场现形记》)

b. 常言道：将军额上跑下马，宰相肚里行舟船。你这样气量窄，将来如何能独当一面，肩挑五岳，胸罗百川，统帅百万大军。

(姚雪垠:《李自成》)

c. 你称二两棉花纺一纺，我耿海琼也是肚皮内行得船，胳膊上跑得马的。

(魏继新:《燕尔窝之夜》)

以上三例互文性文本“宰相肚里能撑船”，出现了些许文化流变，但其独特的文化内涵仍然相同，即形容人胸襟开阔、心胸坦荡。《汉英词典》(1995：1274）给出如下译文：“a prime minister's heart is big enough to pole a boat in; a great person is large-hearted or magnanimous.”

“宰相肚里能撑船”这一文化意象在英美读者潜在的认知环境中是不存在的，不管译者花费多少推导努力，也很难达到语境效果。直译之，则信息意图得到传达，交际意图出现文化亏损；意译之，则交际意图得到传达，信息意图出现文化亏损。两种译法并用，则会破坏译文的节奏感。

(3) 东篱把酒黄昏后，有暗香盈袖。
莫道不消魂，帘卷西风，人比黄花瘦。

(李清照:《醉花阴》)

a. With the evening almost gone,
I sip my wine near the east fence,
Where chrysanthemums are in bloom.
My sleeves hold a slight fragrance thence.

(徐忠杰 译)

b. At dusk I drink before chrysanthemums in bloom,
My sleeves are filled with fragrance and with gloom.

(许渊冲 译)

“东篱”在译文（3a）与（3b）中分别是：
the east fence
chrysanthemums in bloom

两个译文相去甚远，译者作出语境假设，要寻找出最佳关联，必须在“东篱”这个词的前文本及互文中作出恰当的语境假设。众所周知，“东篱”滥觞于陶潜的《饮酒》诗第五首：

采菊东篱下，悠然见南山。

a. Picking chrysanthemums under the eastern fence；
Leisurely I look up and see the Southern Mountains.

（Fang 译）

b. I pluck chrysanthemums under the eastern hedge，
Then gaze long at the distant summer hills.

（Waley 译）

陶潜的诗是写实，“东篱”的含义即指“东面的篱笆”，译成“the eastern fence”也表明译者已从英美读者潜在的认知环境中找到了最佳关联。陶潜是有名的田园诗人，他酷爱菊花高洁不媚俗的品质，以表明自己一生淡泊名利，人品高洁。我们再来看以下互文：

①为报使君多泛菊，更将弦管醉东篱。

（岑参：《九日使君席奉饯卫中丞赴长水》）

②从来菊花节，早已醉东篱。

（刘昚虚：《九日送人》）

③漫绕东篱嗅落英。

（苏轼：《戏章质夫寄酒不至》）

④东篱把酒黄昏后。

（李清照：《醉花阴》）

从以上互文，我们可以看到：一方面后来的诗人把“东篱”用作“激发语”（Nida，1982：56），以唤起读者对陶潜式田园生活以及作为高洁象征的菊花的联想，即原文作者试图传达给读者的交际意图。另一方面长期的互文作用巩固了它的联想意义在读者头脑中的“互文主观效度”（Cluysenaar，1976：7），即巩固了其交际意图在读者头脑中所产生的丰富的联想意义。“东篱”这一文化意象在互文性文化的传承过程中，随着时间的推移和被借用范围的扩大，文化内涵发生了以下流变：

东面的篱笆或泛指篱笆→菊花→种了菊花的一片地→花园→隐居处→隐居生活→作为隐居田园诗人的陶潜→脱俗的精神

我们再回到译文，在翻译的过程中，译者要使自己的思维与原文作者李清照的认知环境相关联，同时也必须与英美读者的认知语境相关联。译文（3a）忠实地传达了“东篱”一词所蕴含的信息意图，但英美读者由于百科知识欠缺未必能联想到“东篱”这一互文的丰富文化内涵——高洁、脱俗的精神。因此，译文不能使原作者的意图与英美读者的期盼相吻合。译文（3b）的处理方法虽照顾到了译文的韵律、节奏，但使其信息意图出现了文化亏损。如果加上脚注点明“东篱”的文化内涵，即可以很好地传递“东篱”这一文化意象的信息意图和交际意图，从而避免文化亏损。

3.4 文化的兼容性与互文性翻译

人类的不同文化形态之间的关系绝不是势不两立的。随着跨文化交际日益频繁，文化学研究者已经清醒地意识到，经济全球化给文化界带来的一个直接后果就是文化的全球化。在此时代背景下，不同文化之间将相互渗透、相互兼容、相互影响、相互促进，从而达到相济相调、相得益彰的积极效果。我们认为文化的兼容性是在源发语文化和目的语文化共同认知心理图式的观照下，以及目的语文化积极体现为借鉴、兼容，汲取源发语文化丰富营养上形成的。

（4）a. They were only crying crocodile tears at the old man's funeral because nobody had really liked him.

在老头子的葬礼上，他们不过挤了几滴鳄鱼的眼泪，因为在老头子生前，他们没人喜欢他。

（刘重德：《文学翻译十讲》）

b. He walked at the head of the funeral procession, and now and then wipe his crocodile tears with a big handkerchief.

他走在送葬队伍的前头，还不时用一条大手绢抹去他那鳄鱼的眼泪。

（冯世则 译）

（5）Though the colonialists were armed to teeth, yet the local people still dared to fight with them.

虽然殖民主义者武装到了牙齿，但当地人民仍然敢于同他们斗争。

（刘重德：《文学翻译十讲》）

译者在翻译“crocodile tears”和“armed to teeth”时，无须花费太大的推导努力，采取直译的方法即可达到最佳的语境效果。因为译者很容易依据自己的百科信息作出语境假设，在英美读者的认知环境中寻找到最佳关联：鳄鱼嗜血成性的凶残特性及侵略者全副武装的狰狞面目在英美民族中很容易产生共同的认知心理图式，也很容易在英美读者的脑海中产生相同或近似的联想意义。寻找最佳关联的过程无须花费太多的推导努力，便可以得到语境效果。译者通过直译法便可以忠实地传递文化意象的信息意图和交际意图，从而使原文作者的意图与译文读者的期盼相吻合。从译文应该是同原文释义相似的接收语语段来评价以上两例的译文：译文既释义相似于原文作者试图传达给读者的信息意图，又释义相似于原文作者试图传达给读者的交际意图。因此，汉语文化得以积极借鉴英美文化并与其兼容共存，从而使汉语文化汲取更多的营养，丰富汉语的文化宝库。我们也可以说“在周总理的追悼会上‘四人帮’挤出了几滴鳄鱼的眼泪”或“国民党士兵武装到牙齿向山东解放区发动重点进攻”等。

译者置身于多元文化和多语种的多重圆圈中，文化与语言相互影响。尽管世界各民族文化存在着差异，但它们之间可以相互借鉴、兼容共存，译者不能只看到文化的流变性而忽视其兼容性。

3.5 结语

在本章，我们从“关联域”这一视角，以文化的本体论特征——文化的民族性、传承性、流变性和兼容性为参照，探讨了互文性翻译在文化层面上出现的信息意图或交际意图的文化亏损现象。我们试图从文化层面把互文性的研究引到“关联翻译理论”的译学思路上来。文化的民族性特征是互文性文本所固有的，互文性文本在传承过程中难免存在着文本的流变性，不能因其流变性就忽视互文性文本的兼容性。

第4章 文化意象翻译过程的文化亏损

4.1 引言

文化意象主要存在于成语、典故或者谚语中，构成社会的语言与文化的重要组成部分，折射出一个民族的智慧，归根结底，它是一个民族独特历史与文化的积淀。这些文化意象作为文学宝库中璀璨的明珠，很好地展示出一个民族的文化特色。这些文化意象经常出现在语言以及历代的文学作品中，并逐渐固定下来。处于同一文化中的人们可以心领神会，使交际得以现实。对处于不同文化之间的人，尤其在理解独特的文化意象时，由于他们的百科知识的欠缺，时常出现交际障碍。在翻译时要达到社会语用等效，译者就必须从社会或者文化交际的角度处理语言使用问题，因此译者必须有跨文化的语言文化知识。

在翻译成语、典故及谚语等的过程中遇到的问题常常是复杂的。如果涉及的两种语言的文化背景差异很大，翻译时遇到的困难就会很大。翻译成语、典故及谚语的过程，其实就是一个基于译者的两种不同的文化百科信息进行的认知推理的跨文化交际过程。在本章，我们从“关联域”的角度（参见第2章，第15~16页），分析在翻译文化意象时出现信息意图或者交际意图的文化亏损的原因。

4.2 “关联域”视角中的文化亏损

在“关联域”视角中，笔者认为译者在解读原文文本的过程中，必须领会原文作者的信息意图与交际意图，作出语境假设，寻找关联，尽量准确地传达原文作者的意图，把翻译文化意象时出现的文化亏损降到最低限度。在翻译的过程中，当译者遇到具有民族特色的文化意象时，他必须在与原文文本（或者原文作者）的跨文化交际对话过程中作出语境假设，寻找出原文作者试图表达的意图的最佳关联。译者作出的语境假设要么是错误的（或者不合适的），要么是正确的。如果译者作出错误的或者不合适的语境假设，那么在他的译文中原文作者试图表达的信息意图或交际意图将不可避免地出现文化亏损；如果译者作出了正确的语境假设，但由于文化意象的错位或者独特性，译者将不能充分准确地传达原文文化意象所隐含的作者的交际意图，那么他的译文就不能使原文作者的意图与目的语读者的期盼相吻合。因此即使译者的大脑信息处理机制运作正常，也会由于不同民族之间的文化差异导致文化亏损。

语言是文化的载体。英汉民族生长在各自的文化背景下，在长期发展的过程中形成了不同的民族心理、思维方式及认知模式，这些差异使他们产生不同的联想，对传达交际意图产生很大影响。制约语言使用的关键性前提之一是语言的文化因素。汉语与英语在语言系统和结构方面存在着很大的差异，在语用方面也有许多不同的制约。其中最重要的是文化因素的制约。跨文化语用研究要解决的问题之一是努力沟通英汉两种语言文化因语用差异造成的障碍。

4.2.1 文化意象错位与文化亏损

所谓“文化意象错位”，即不同民族对相同的文化意象赋予不同的文化内涵而造成的差异性现象（谢天振，1999：174～193）。下面我们从“关联域”的角度，举例来分析译者在处理英汉两个民族存在相同的文化意象时的情况，看看由于文化意象错位，译者在翻译的过程中传递文化意象时，原文作者的信息意图或者交际意图是怎样出现文化亏损的。

(1) “一龙九种，种种各别”，未免人多了就有龙蛇混杂。

（《红楼梦》第9回）

a. A dragon begets nine offsprings；each one different.

（杨宪益、戴乃迭 译）

b. There are nine kinds of dragon and no two kinds are alike.

（Hawkes 译）

例（1）中的“一龙九种，种种各别”是一个具有中国文化特色的成语。从两个译文来看，在翻译过程中杨宪益夫妇与 Hawkes 都要作出语境假设，在英语读者的认知环境中寻找与“龙”一致的关联信息，他们好像已经找到了最佳关联。但是译者能够用“dragon”来传达出原文作者的信息意图与交际意图吗？要回答这个问题，我们得从中西方文化背景中“龙”的文化内涵中去分析。在中国读者的认知环境中，文化意象“龙”是皇帝的代表，是高贵、神圣的象征。传说中龙能呼风唤雨，来无影去无踪，神秘莫测，令人敬畏，所以它又是威严、威武的象征。与之相应的许多有关龙的词汇也因此带上了高贵、神圣的色彩，诸如“真龙天子”、“龙宫”、“龙颜”、“龙袍”、“龙床”、“望子成龙”等。然而，在英语读者的认知环境中，“龙”却是一个凶残肆虐、应该被消灭的怪物。一些描写圣徒和英雄的传说都讲到与龙这种怪物的斗争，并以龙的被杀作为结局。如英国古代英雄史诗《贝奥武甫》、德国古代英雄史诗《尼伯龙根之歌》都有关于主人公杀死龙的描写，并以此突出主人公的丰功伟绩。在俄罗斯也有英雄消灭三头凶龙的传说。这样，当中国人不无自豪地宣称自己是“龙的传人”时，西方人听了这句话就未必能体会到其中的自豪之情。

因此，我们可以看到：汉英两个民族赋予“龙”以不同的文化内涵，从而使同一文化意象产生了理解上的错位现象，即前者把“龙”视为高贵、神圣的象征，而后者则将其视为魔鬼的象征。“一龙九种，种种各别”的字面含义是：即使龙有九种，好坏还会混杂在一起，更不用说贾家那么大的一个家族了，好人与坏人更加难以辨别。由此我们可以看出 Hawkes 的译文没有传达出这句话的文化内涵。虽然两位译者都使用 dragon 来翻译，但是由于文化意象错位的原因，他们的译文不能使原文作者的意图与英美读者的期盼相吻合。译者进行直译，“龙”的情感意义与联想意义无法传递出来，这样它的交际意图就会出现文化亏损。

我们再来看一个例子：

(2) a. 悼红轩（《红楼梦》第 1 回）
杨译：Mourning-the-Red Studio
Hawkes 译：Nostalgia Studio
b. 千红一窟（《红楼梦》第 5 回）
杨译：Thousand Red Flowers in One Cavern
Hawkes 译：Maiden's Tears
c. 怡红院（《红楼梦》第 18 回）
杨译：Happy Red Court
Hawkes 译：House of Green Delights
d. 怡红公子（《红楼梦》第 38 回）
杨译：The Happy Red Prince
Hawkes 译：Green Boy

在这四组译文中，值得注意的是，杨宪益夫妇直译了“红”字，而Hawkes尽力避免使用“Red”一词，尽管它在英美读者的认知环境中是最佳的对等词。为什么？在翻译的过程中，两位翻译家肯定会使他们的思维与原文作者的认知环境及译文读者的认知环境相关联。他们对“红”字不同的处理方式很好地说明了英汉两个民族赋予“红”字以不同的文化内涵，或者说在两个民族的理解上出现了文化意象的错位现象。“红”字经常被生活在汉语文化语境中的人们使用，并且他们很喜欢用红色的东西装饰自己的居室。“红双喜”是传统的喜庆象征，“开门红”代表好运气。红色还象征革命和社会主义。“又红又专”译作 red and expert 表达不出汉语词语的原意，不如译为 both socialist-minded and professionally qualified。然而，在英美读者的认知环境中，正如 Lyons（1977：314）所指出的，“对红色的定义可能在原型上与血或火有关”，“红”字含有某种负面的意义。英语单词“Red”大写，常用作“共产主义”的同义词。红色在西方交通标志上代表着危险和警告之义。

Hawkes 的译文释义相似于曹雪芹的交际意图，而远离他的信息意图。他的译文可以使原文作者的交际意图与英美读者的期盼相吻合，因为他的译文不会使译文读者感到不愉快或者尴尬。但是，汉语认知环境中“红”的文化内涵则出现了文化亏损。

我们再回到上面引用的例子中进行具体的分析。“悼红轩”寄托着故事的主人公或者叙述者对逝去的姑娘们的哀悼之情，并且这一标题象征了对她们的哀悼之意。Hawkes 译为“Nostalgia”离题太远，仅仅含有感伤的怀旧或者恋家之情。这说明在他寻找对“悼红轩”的关联时，作出了错误的语境假设，因此他没有能够抓住原文作者的信息意图，文化意象的亏损也就自然出现了。杨宪益夫妇的译文是建立在正确的语境假设之上的。把“悼红轩”译为“Mourning-the-Red Studio”，这也说明他们找到了最佳关联，因为“红”字在中国读者的认知语境中可以用作“女人”的象征。例如，汉语有句成语“红颜薄命”就含有此意。杨宪益夫妇成功地传达了原文作者的信息意图，但由于在英语读者的认知环境中红色与血或火有关，和女孩子没什么关联，在理解时会出现文化意象的错位，这样一来杨宪益夫妇的译文恐怕不能使原文作者的交际意图与译语读者的期盼相吻合了。原文作者的交际意图也就或多或少会出现文化亏损。

“千红一窟”这个例子中的最佳语境假设是警幻仙姑邀请贾宝玉品茶。茶的名字是“千红一窟”。“千红”指的是“许多的姑娘”；“窟”与“哭”是谐音字。在此处“千红一窟”作为双关语意思是“千红一哭”。这隐含说明《红楼梦》是讲述美丽佳人悲惨命运的作品。杨宪益夫妇与 Hawkes

都作出了恰当的语境假设，给出了不同的译文。Hawkes 的译文成功地传达了原文的隐含意义，即原文作者的交际意图；杨宪益夫妇的译文很好地传达了原文信息意图，但出现了交际意图上的文化亏损，因为他们的译文不能使英语读者意识到“千红一窟”是“千红一哭”的双关语。

现在我们聚焦剩下的两个例子“怡红院”和“怡红公子”。笔者认为，Hawkes 把“红”字译为“green”使汉语读者感到很不自然，也是完全没有必要的。首先，在英语读者的认知环境中，英国诗人喜欢“红”字的程度并不比中国人低，如下例：

(3) To know how much spring pervades amidst flowers, Just peer at the delicate shades of green and reds.

(Keats)

欲知花间春多少？但看绿红浅与深。

（黄龙 译）

还有苏格兰著名诗人 Robert Burns 也作有闻名的诗句：

(4) O my love is like a red red rose.

我的爱人像朵红红的玫瑰。

（王佐良译）

其次，对于英语读者来讲，接受中国认知环境中“红”的文化内涵是有可能的。例如，张艺谋执导的影片《大红灯笼高高挂》和《菊豆》中的许多镜头都弥漫着红色，这在西方观众中也被广泛认可和欣赏。

再次，美国著名作家 Hawthorne（1804—1864）的名著 *The Scarlet Letter* 被译为《红字》，给“红”字附着上了与基督教义有关的“罪孽”含义。最后我们还想指出的是，在跨文化交际日益频繁的今天，不同民族之间的相互沟通越来越多，文化之间的差异也会在文化融合的过程中逐渐缩小，译者没有必要一味地考虑目的语读者的接受程度，要相信译文读者的阅读视野会不断扩大，他们对于文化意象的理解过程也不会像译者想象的那么漫长。

4.2.2 独特文化意象与文化亏损

由于英汉两个民族历史渊源不同，在各自文化系统的长期发展过程中积淀了属于本民族独有的文化意象。所谓独特的文化意象，我们指的是具有汉语民族特色或者英语民族特色的文化意象。下面我们将探讨由于译者百科知识的欠缺，在翻译独特的文化意象时常常出现的信息意图或者交际意图的文化亏损。

(5) 欲别牵郎衣，郎今到何处？
不恨归来迟，莫向临邛去！

(孟郊：《古别离》)

You wish to go, and yet your robe I hold.
Where are you going—tell me, dear—today?
Your late returning does not anger me,
But that another steal your heart away.

(Fletcher 译)

要翻译好最后一行“莫向临邛去”，Fletcher 必须对独特的汉语文化意象“临邛”作出语境假设，寻找关联。但是，该文化意象在英美民众的认知环境中是不存在的。在原文作者的认知环境中，“临邛”即现在的四川省邛崃市，是汉代司马相如在客游中与卓文君相知相恋之处。该文化意象用以借喻男子寻觅新欢之处。在这首诗中，“莫向临邛去”的文化内涵是女主人公希望丈夫离别后不要在外另觅新欢、弃家不归。从译文我们可以看出 Fletcher 避过“临邛”不译，对原文作者的交际意图进行了意译，因而出现了原文作者信息意图上的文化亏损，英语读者也失去了对司马相如与卓文君的典故产生联想的机会，这样也就抓不住“临邛”的文化内涵。文化意象的亏损同时也导致了原文作者的交际意图在传递时出现了偏离。原文末句的交际意图是主人公恳求丈夫不要步司马相如的后尘，用意比较含蓄，但译文则有点剑拔弩张，矛头明确指向那个要偷走她丈夫心的“第三者”，意思过于直露，既不符合原文，更不符合女主人公的身份。我们可以对译文作出这样的评价：译文不是释义相似于其信息意图，而是释义相似于其交际意图。

4.3 结语

本章从“关联域”这一视角，探讨了翻译成语、典故和谚语等文化意象时出现的信息意图或者交际意图的文化亏损。文化意象的翻译是译者建立在两种不同文化百科信息基础之上的跨文化交际过程，由于两种语言的文化背景差异，文化意象翻译是一项相当困难的工作。在翻译过程中，译者必须使他的思维与原文作者的认知环境和译文读者的认知环境相关联。成语、典故和谚语等负载着浓厚的文化色彩，所以，在译语读者的认知语境中，译者需要付出较大的推导努力，找到与其相对应的最佳关联，才能得到最大的语境效果。

在翻译的过程中，译者必须在成语、典故和谚语等明示的基础上努力领会它们的文化隐含。负责任的译者应该尽一切努力传达原文作者的信息意图与交际意图。然而，在具体的翻译过程中，有时难免出现信息意图或者交际意图的文化亏损。其原因如下：①在翻译的过程中，当译者与原文文本进行对话，并作出语境假设对其寻找关联时，如果在译语读者的认知环境中存在着对应词，一般不会出现文化亏损。但是，由于不同民族的人群对同一文化意象在理解时可能会产生错位现象，译文通常传递了原文作者的信息意图，而其交际意图则可能会出现文化亏损。②在翻译独特文化意象的过程中，由于意象本身的独特性，译者在译语读者的认知环境中作出语境假设寻找关联。如果采用直译的方法，译文通常释义相似于原文作者的信息意图。不过，由于译语读者缺乏该独特文化意象的百科知识，译文常常不可能使原文作者的交际意图与译语读者的期盼相吻合，因而原文作者的交际意图就会出现文化亏损。如果译者避开该独特的文化意象而采取意译的方法，那么作者的信息意图将不可避免地出现文化亏损。不过，一般来说，他的译文可以使作者的交际意图和译文读者的期盼相吻合。

第5章 翻译中的逻辑矛盾

5.1 前言

翻译实践中违反逻辑学的矛盾律现象，和译文中的逻辑矛盾现象的存在还是比较普遍的。所谓逻辑矛盾，是指在同一思维过程中，对同一事物在同一时间、同一方面所作的两个互相否定的思想（李克兴，1997）。翻译中出现的逻辑矛盾错误，指的是原文在叙述或论证中没有逻辑矛盾，而译者在翻译过程中由于某种原因，使译文产生了逻辑矛盾的错误。

在本章中，我们同样从“关联域”（参见第2章，第15~16页）的角度，结合语言逻辑学知识，对译者误译的思维过程进行分析，指出导致译者产生违反逻辑学的矛盾律错误的原因，并根据其特点将译文中包含的逻辑矛盾分成三类：词汇信息型逻辑矛盾、语境型逻辑矛盾、百科信息型逻辑矛盾，在此基础上提出在翻译中避免逻辑矛盾错误的建议，并尝试把该方面的研究引入语用学的研究视角。

5.2 翻译中的逻辑矛盾的分类及分析

下面，我们举例分析译者在翻译中常出现的三类逻辑矛盾错误。

5.2.1 词汇信息型逻辑矛盾

翻译中的词汇信息型逻辑矛盾的错误在所有译文的逻辑矛盾错误中最为原始，也最容易被识别，其表现形式是将中外文中对应的单词彼此对号入座，按译者所知的基本词义以对等的形式错误地进行翻译。由于这类逻辑错误是误读原文的个别词或词组造成的，故我们可以称之为词汇信息型逻辑错误。

（1）In ancient Rome，a scholar known as Pliny the Elder wrote

about a treatment for boils. He told a patient to take nine grains of barley, trace a circle around the boil three times with each grain, then throw the barley into the fire with the left hand for an immediate cure.

在古罗马，一个叫老普林尼的学者写了一篇关于治疗烫伤的文章。他叫病人服食九颗大麦粒，每含着一颗时要绕煮器走三个圈，然后用左手把大麦粒扔进火里以获得即时痊愈。

在这个例子中，如果“He told a patient to take nine grains of barley.”是单独一个句子，那么，译成“他叫病人服食九颗大麦粒”，则无懈可击。但是，下文这位学者还要求病人“用左手把大麦粒扔进火里以获得即时痊愈”，既然病人要服食或已服食九颗大麦粒，便不可能再把大麦粒扔进火里。不言而喻，这是一句自相矛盾的译文。究其原因，是由于译者误解了多义词“take”的词义。译者以为医生要病人做的就是服药，既然“take medicine”是“服药”，“take barley”便一定是“服麦”，而整个句子成分中的内在逻辑关系却被完全忽略了。此外，该段译文中“boil”是“疖”或“脓肿”，却被误译成“烫伤”和“煮器”。

从语言逻辑学的角度分析原文，“He told a patient to take nine grains of barley...”（p）与“...then throw the barley into the fire with the left hand for an immediate cure.”（q）的关系是合取关系，即：p & q（只有构成复合句的所有简单句或合取肢为真时，整个复合句才是真）。这种关系可表示为：

p	q	p & q
t	t	t
t	f	f
f	t	f
f	f	f

但是从译文的上下文来看，“他叫病人服食九颗大麦粒”与“然后用左手把大麦粒扔进火里以获得即时痊愈”两个合取肢呈现出如下矛盾逻辑关系：

p	q	p & q
t	f	f
f	t	t

从“关联域”的角度分析，译者在翻译时的思维过程是一个寻找关联

的动态过程。当他使自己的思维与原文作者的认知语境和译文读者的认知语境相关联时，不需要花费太大的推导努力便可以在词汇信息上找到最佳关联，但由于其对“take nine grains of barley”望文生义，在思维过程中产生了与“take medicine”不恰当的关联，因而导致了词汇信息型逻辑矛盾。这样就不能使作者的意图与译文读者的期盼相吻合。

5.2.2 语境型逻辑矛盾

一个词句或一种解释如果在被引用时脱离有关语境，译者就无法准确地把握它的意思。所谓翻译中的“语境型逻辑错误”事实上就是断章取义所造成的逻辑矛盾，在翻译的逻辑错误中最为普遍。译者通常置有关语境于不顾，用孤立的、一句对一句的方法处理译文。读者在阅读译文时，如果不联系上下文一般很难发现错误，有时甚至会觉得译文已经字斟句酌，似乎无懈可击，而一旦用整体的观点去琢磨译文，便会发现行文（尤其是句与句、段与段之间）缺乏内在联系，上下文互相矛盾。

(2) Tolerance is one trait shared by all the Asian belief, except those which have their origin in the Judaea-Christian and Islamic heritages. In Asia, a person's intolerance towards other religions is more often than not considered proof of his spiritual unfitness... the various main religions are like five fingers on one hand.

容忍是所有亚洲人的信仰所共有的一项特征；那些同时源于犹太教与基督教传统的信仰，以及那些源于伊斯兰教传统的信仰则例外。在亚洲，一个人往往无法忍受其他宗教；对于自己思想精神上证实有不善之处的事实却少有考虑到……最主要的那几种宗教犹如掌上五指。

在这一译例中，善于思考的读者，无须对照原文，当读到“在亚洲，一个人往往无法忍受其他宗教……”这半句时，就会意识到不是译文就是原文上下文互相矛盾，因为前面一句刚刚谈到“容忍是所有亚洲人的信仰所共有的一项特征”，而再往下读，从“最主要的那几种宗教犹如掌上五指”中就会发现问题。其实，我们四周（尤其在香港）有信佛教、道教、伊斯兰教、基督教等，世世代代似乎都还能和睦相处。出现这种文句上的明显矛盾，往往是由于译者没有仔细研读原文。“In Asia, a person's intolerance towards other religions is more often than not considered proof of his spiritual unfitness.” 这个句子中的状语短语“more often than not”，是一个貌似否定实则肯定的短语，相当于“often”和“usually”；最主要的原因是译者没有将“a person’s intolerance towards other religions”这个短语放到有关语境中去全盘考虑，以致其语义与上下文均发生矛盾。正确译文应该是：“在亚洲，一个人对其他宗教不能容忍，通常说明他精神不健全。”

从语言逻辑学角度来分析原文，“Tolerance is one trait shared by all the Asian beliefs...”与“In Asia，a person’s intolerance towards other religions is more often than not considered proof of his spiritual unfitness...”是谓词逻辑中全称量词的关系，即具有“所有”、“每一”或者“对每一个人、每一个东西都……”。根据原文它们的逻辑表达式应该是相同的，即 $\forall x[A(x) \rightarrow T(x)]$。然而，根据译文它们分别可以表示为：$\forall x[A(x) \rightarrow T(x)]$、$\forall x[A(x) \rightarrow \backsim T(x)]$。从中可以看出译文与原文出现了矛盾。

从“关联域”的角度来分析，译者在翻译过程中出现的逻辑错误在于：在寻找关联的过程中，不但在词汇信息“more often than not”的理解上出现了错误，而且没有很好地从短文的语境假设中去寻找最佳关联，因而，译者不能使原文作者的意图与译文读者的期盼相吻合，使其信息意图不可避免地出现了亏损。

5.2.3 百科信息型逻辑矛盾

百科信息型逻辑矛盾错误是指与常识、科技及专业知识有关的逻辑错误。很多违反矛盾律的逻辑错误的产生是由于译者缺乏应有的百科知识，这使得本来符合科学原理或合情合理的描述，在译文中不再具有科学性。这类译文实际上可能谬误百出，而译者本人却一无所知，因为其中包含着的错误通常只有具备相关百科知识的人士才能觉察，所以在一般读者面前也不容易出丑。

(3) We were detained for about an hour，then released. From the courthouse，I went directly to the airport and took the shuttle back to New York.

我们被扣留了接近一个钟头才获释，我从法院直接前往机场，然后乘航天飞机返回纽约。

这一段文章选自一本有关美国著名网球运动员的自传体小说，情节应该是基本真实的，文中所指的“机场”是指美国首都华盛顿机场，“我”

则是一个晚期的艾滋病患者。从语言逻辑学的角度来分析原文，“I went directly to the airport and took the shuttle back to New York.”可以看作是一种蕴含关系，即“ If I went directly to the airport，I had to take the shuttle back to New York.”用表达式表示为：

p	q	p→q
t	t	t
t	f	f
f	t	t
f	f	t

但是从译文“我从法院直接前往机场，然后乘航天飞机返回纽约”来分析，我们可以断定，文中“乘航天飞机返回纽约”的句子是违背常识性逻辑的。首先，从华盛顿到纽约不过数百英里，根本不需要乘坐必须离开地球的航天飞机。其次，乘坐航天飞机者必须是体格强健、训练有素的宇航员，而文中的“我”却是一个弱不禁风的晚期艾滋病患者。再次，文中所述的也不是科幻小说里的情节。所以这是一段典型的包含了逻辑矛盾的译文，造成误译是由于译者缺乏相关的百科信息。此处“shuttle”的正确含义应该是“往返于华盛顿和纽约的普通客机航班”。

我们再从“关联域”的角度来推理，译者在作出语境假设寻找关联时，在汉语读者的认知语境中调出“航天飞机”一词，并没有花费多少推导努力，但由于译者百科知识欠缺而没有找到最佳关联“普通客机航班”，因此，也不会得到最佳的语境效果，要想使原文作者的意图与译文读者的期盼相吻合更是无从谈起。

5.3　结语

以上从“关联域”的角度，结合语言逻辑学知识，对译者翻译实践中出现的逻辑矛盾进行了分析，我们认为翻译中出现逻辑矛盾错误的原因是多方面的。综上所述，可归纳为：①对原文理解不够透彻，没有将词汇信息和句子放在有关语境中通盘考虑、综合理解。译词不顾句，译句不顾段，以致望文生义。②缺乏一个合格的译员应具有的百科信息知识，以致不能辨别译文中违背常识、不合情理、不能自圆其说的叙述。③译者没有养成既是译者又是读者的职业习惯，没有把自己放到读者的位置上去认真阅读译文，没有按照译文提供的指示或信息在脑子里模拟行动或操作，以检验译文信息的合理性或可操作性。④缺乏语言逻辑知识方面的训练，缺乏逻辑推理的能力和逻辑思维的习惯，以致不能对多义词在特定语境中的词义作出符合逻辑的判断。

由于以上原因，译者在原文文本明示的基础上，根据原文的词汇信息、逻辑信息以及百科信息作出语境假设寻找关联时，总会出现这样或那样的偏差。尽管他在翻译时使自己的思维与原文作者的认知环境和译文读者的认知环境相关联，并且作出了一定的推导努力，得到了一定的语境效果，但因为没找到最佳关联，也不可能得到最佳语境效果，从而也无法使原文作者的意图与译文读者的期盼相吻合，而原文作者所要表达的意图在译文中出现文化亏损也将在所难免。

要减少乃至避免翻译上违反矛盾律的逻辑错误，除了要增强语感、提高对外语的理解和母语的表达水准之外，还要学习逻辑的基本知识，养成逻辑思维的习惯。而“学习逻辑，不仅仅是要学书本上的逻辑。一个人如果缺乏对于生活的热爱与了解，缺乏必需的各种知识，即使对逻辑的格与式背得滚瓜烂熟，在现实的逻辑问题面前，也仍然会一筹莫展”（郑伟红、倪正茂，1987：133）。此外，在翻译的过程中，译者不应孤立地理解原文，更不要孤立地理解单词，不能望文生义，更不能望词生义。

第三部分

关联翻译理论视角

第6章　文化意象亏损补偿的语用翻译策略

6.1　引言

Gutt 在 Sperber 与 Wilson 创立的关联理论（1986）的基础上，在其著作《翻译与关联：认知与语境》（1991）中提出了关联翻译理论。自20世纪80年代以来，关联理论已经成为语用翻译的新的指导性理论，关联翻译理论已经在翻译理论研究领域争得一席之地，而且引起了西方学者越来越多的关注。

最近几年在国内学术界，以关联翻译理论为理论框架，来研究翻译方面问题的学术论文日渐增多。这也说明该理论在翻译研究方面具有较大的吸引力。本章试图从关联翻译理论的视角出发，探讨译者是如何采用一些翻译策略，最大限度地避免或者补偿文化意象翻译中可能会出现的亏损现象的。

6.2　语用翻译策略：避免与补偿文化意象亏损

本章从关联翻译理论的视角，探讨译者是如何采用翻译策略，避免和补偿文化意象翻译中可能出现的文化亏损现象的。

6.2.1　直接翻译

直接翻译即译者不改变原文交际线索和语义表征，或者说不改变其词义和句子结构，以便保持原文的风格与情调的一种翻译方法。如果能够在原文和译文的认知语境中找到相同或相似的文化意象，且这种意象可以在中西方读者的大脑中激活相同的认知图式，译者便可以采用直接翻译法。

（1）枕前发尽千般愿，要休且待青山烂。
水面上秤锤浮，直待黄河彻底枯。

（无名氏：《菩萨蛮》）

On the pillow we make a thousand vows, we say
Our love will last unless green mountains rot away,
On the water can float a lump of lead,
The Yellow River dries up to the very bed.

（许渊冲 译）

（2） And I will luve thee still, my dear,
Till a' the seas gang dry.
Till a' the seas gang dry, my dear,
And the rocks melt wi' the sun,
And I will luve thee still, my dear,
While the sands o' life shall run.

（Robert Burns, *A Red Red Rose*）

我永远爱你，亲爱的，
一直到四海枯竭。
直到四海枯竭，亲爱的，
直到太阳把岩石消熔，
我会永远爱你，亲爱的，
只要生命无穷。

（袁可嘉 译）

在这两个例子中，"海枯石烂" 表达 "忠贞不渝的爱情"，在中西方读者的认知语境中具有相同的语境假设，译者采用直接翻译的策略便可以传达出作者的信息意图和交际意图。如果原文文化意象在译文认知语境中不存在，而译者能够确信随着译文读者阅读视野的扩大，结合具体的语境假设，译文读者能够明白作者的信息意图和交际意图，那么也可以采用直接翻译的方法。

（3）美国人在北平，在天津，在上海，都洒了些救济粉，看一看什么人愿意弯腰拾起来。太公钓鱼，愿者上钩。嗟来之食，吃下去肚子要疼的。

（毛泽东：《毛泽东选集》）

The Americans have sprinkled some relief flour in Peiping, Tientsin and Shanghai to see who will stoop to pick it up. Like

Chiang TaiKung fishing, they have cast the line for the fish who want to be caught. But he who swallows food handed out in contempt will get a bellyache.

（王佐良 译）

虽然在英文读者的认知语境中没有"姜太公钓鱼，愿者上钩"这一具有中国文化特色的意象，但是"playing willingly in someone's hands"的交际意图已经隐含在具体的语境中。因此，采用直接翻译策略可以传达出作者的信息意图，其交际意图也可以在英语的上下文语境里靠译文读者推理得出。这个译文能够使作者的意图与译文读者的审美期盼相吻合。

6.2.2 直接翻译加脚注

在寻找译文读者不了解的文化意象的关联时，如果发现直接翻译不能充分传达出作者的信息意图和交际意图，那么译者可以在直接翻译的基础上，采用加脚注的翻译策略。

（4）Falstaff: I am as poor as Job, my lord, but not so patient.

（W. Shakespeare, *Henry IV*）

福斯坦夫：我是像约伯一样穷的，大人，可是却没有他那样的好耐性。

注：约伯（Job），以忍耐贫穷著称的圣徒，见《圣经·约伯记》。

译者在翻译时可能会对"Job"这个圣经典故人物感到疑惑，找不到与"as poor as Job"的最佳关联，因为在汉语认知语境中，我们描述贫穷的语境假设是"一贫如洗、穷得叮当响……"等。直接翻译的策略使译文释义相似于作者的信息意图；加脚注有助于传达作者的交际意图。

6.2.3 直接翻译加修饰语

同一文化意象在中西方认知语境中出现文化错位现象时，译者可以采用给直接翻译增加修饰语的翻译策略，以使作者的意图和译文读者的审美期盼相吻合。

(5) Shall I compare thee to a summer's day?
Thou art more lovely and more temperate.

(W. Shakespeare, *Sonnet*)

我可否把你来比作美丽的夏天?
你比夏天更可爱，也更加温善。

(杨熙龄 译)

在汉语认知语境里，“夏天”与“赤日炎炎”的语境假设相联系，不能在我们的大脑中产生“可爱、温善”的反应。可是，在英国读者的认知语境中，“夏天”是温暖的、令人陶醉的，它是英国最宜人的季节，其情景类似中国的春天。因此，在西方认知语境中，“夏天”是一个感觉不错的文化意象。但是翻译时，译者不得不考虑中西方不同的认知语境，赋予同一文化意象“夏天”以不同的文化隐含义。译文中“夏天”与“美丽”用在一起使其释义相似于作者的信息意图和交际意图。

6.2.4　直接翻译增加隐含意义

译者可以凭借他的百科知识，在译文中增加译文读者不熟悉的文化意象的隐含意义。

(6)“三个臭皮匠，合成一个诸葛亮”，这就是说，群众有伟大的创造力。

(毛泽东:《毛泽东选集》)

The old saying, "Three cobblers with their wits combined would equal Zhuge Liang, the master mind", simply means the masses have great creative powers.

(王佐良 译)

当译者作出语境假设寻找最佳关联时，他可以在西方认知语境中找到两个英语谚语:“Two heads are better than one; Collective wisdom is greater than a single wit.”它们可以传达出作者的交际意图，遗憾的是，两个文化意象“臭皮匠”和“诸葛亮”却丢失了。在原文明示的基础上，王佐良采用了直接翻译增加隐含意义“with their wits combined, the master mind”的翻译策略，使整个译文释义相似于作者的信息意图和交际意图。

6.2.5 音译

采用音译翻译策略传达文化意象时，译者必须注意它的可接受性。否则，他必须给音译加上适当的脚注，以便译文读者接受。

(7) 党八股的第四条罪状是：语言无味，像个瘪三。……如果一篇文章，一个演说，颠来倒去，总是那几个名词，一套"学生腔"，没有一点活泼的语言，这岂不是语言无味，面目可憎，像个瘪三吗？

(毛泽东：《毛泽东选集》)

The fourth indictment against stereotyped Party writing is its drab language that reminds one of a piehsan... If an article or speech merely rings the changes on a few terms in a classroom tone without a shred of Vigour or spirit, is it not like a piehsan, drab of speech and repulsive in appearance?

(王佐良 译)

不管付出多少推导努力，在英语读者的认知语境中，译者找不到与"瘪三"相匹配的最佳关联。音译成"piehsan"是可以接受的，因为译者能确信"piehsan"在译文语境中是个什么样子，这样，作者的信息意图和交际意图可以在整个译文中得到传达。尽管这个翻译策略在译文中不常使用，但它是必不可少的。在英美出版的字典里，已经有"衙门"译为"Yamen"；"叩头"译为"kowtow"或者"kotow"的翻译现象。

6.2.6 直接翻译和间接翻译的合用

遇到典故，感到仅靠直接翻译不能传达作者的意图时，译者可以综合使用直接翻译和间接翻译两种策略，用前者来传达作者的信息意图，用后者来传达作者的交际意图。

(8) Men sent flowers, love notes, offers of fortune. And still her dreams ran riot. The one hundred and fifty! The one hundred and fifty! What a door to an Aladdin's cave it seemed to be.

(T. Dreiser, *Sister Carrie*)

男人送花，送情书，送时运给她。可她梦幻无边。这一百五十块钱！这一百五十块钱！真像藏着神灯的山洞为阿拉丁打开了门。

直接翻译“Aladdin's cave”为“阿拉丁的山洞”不能够使作者的信息意图和交际意图与汉语读者的审美期盼相吻合，因为在汉语读者的认知语境中没有这样的文化意象。间接翻译方法增加了“真像藏着神灯……为阿拉丁打开了门”，补偿了仅靠直译作者的信息意图可能会产生的文化亏损。

6.2.7　转换文化意象

当感到不能重铸译文认知语境中没有的文化意象时，译者可以放弃该文化意象，用与译文相类似的文化意象取代，以达到语用等效，也就是说，使译文读者的大脑中产生出相同或类似的认知效果。

（9）Let another's shipwreck be your seamark.

a. 别人的沉船，就是你的航标。

b. 前车之覆，后车之鉴。

（彭光谦 译）

（9a）虽然保留了原文的文化意象，但在汉语读者的认知语境中是不被接受的。（9b）是汉语认知语境中一个很好的文化意象，充分地传达了作者的交际意图，不过，作者的信息意图或多或少地出现了文化亏损。译者采用这种翻译策略时，必须确信转换文化意象不会与原文的文化氛围产生冲突。

（10）他以为这回阿 Q 可遭了瘟。

（鲁迅：《阿 Q 正传》）

They were sure Ah Q had met his Waterloo.

（梁社乾 译）

“met his Waterloo”的百科信息是“拿破仑在滑铁卢战役中（1815 年 6 月 18 日）遭到了决定性失败”，其文化隐含义是“损失惨重的失败”。译者作出语境假设，在英语读者的认知语境中寻找关联。但是，这一成语的历史文化意义则使英语读者产生了与“遭了瘟”（陷入极大麻烦）不同的意境。这个译文显然不能使作者的意图和英语读者的审美期盼相吻合。

最后，我们需要指出的是：间接翻译策略可以作为一种补充性的翻译方法，来解决靠直接翻译不能让译文读者理解原文文化意象的难题。译者应尽可能地采用直接翻译策略，没有必要过分地一味考虑译文读者的接受程度，因为在跨文化交际日益频繁的今天，不同民族之间的相互沟通越来越频繁，文化之间的差异也会在文化融合的过程中逐渐缩小，我们应该视译文读者为具有主观能动性的“异域文化”的接受者，相信他们的阅读视野会不断扩大，对于文化意象的理解过程不会像译者想象的那么漫长（李占喜、何自然，2006）。

6.3 结语

本章从关联翻译理论的视角出发，探讨了译者是如何采用语用翻译策略来最大限度地避免或者补偿翻译文化意象时可能会出现的亏损现象的。文化意象的翻译是一个认知推理的过程，需要译者付出较多的推导努力去寻找最佳关联。在翻译文化意象的过程中，译者必须灵活地使用各种翻译策略缩小跨文化之间的差异，以达到补偿文化亏损的目的。一方面，他必须努力保留原文的文化意象；另一方面，如果不得不转换原文的文化意象，他必须确保译文能够达到语用等效。只有这样，译者与原文作者和译文读者的跨文化交际才能得以顺利进行。

第四部分

顺应论翻译视角

第7章　顺应论：文学翻译的一个新视角

7.1　引言

1985年，在第一届国际语用学研讨会上，Verschueren提出了“语用综观论”（The Pragmatic Perspective）。在随后出版的《语用综观论：1985国际语用学会精选论文集》（*The Pragmatic Perspective*：*Selected Papers from the* 1985 *International Pragmatics Conference*）中，他又阐明其观点：“综观论是以语言顺应论作为核心进行语言使用问题的探讨的理论。”（Verschueren & B. P. Marcella，1987）1987年，国际语用学会成立时，Verschueren在发布的工作纲领中首次提出了“顺应理论”（Adaptation Theory or Linguistic Adaptation Theory）。后来他经过多年的深入研究，对该理论作了进一步修改与补充，直到1999年他的新著《语用学新解》（*Understanding Pragmatics*）出版，这一理论体系才得以系统化，并日臻完善。

以Verschueren的顺应论为视角的翻译研究，在国外的相关研究中尚未看到。

7.2　理论回顾

顺应论认为语言使用的过程就是一个不断地进行语言选择的过程。语言使用者之所以能够在使用语言的过程中作出种种恰当的选择，是因为语言具有变异性、协商性和顺应性的特征（Verschueren，1999：58～63）。语言的变异性指语言具有一系列可供选择的可能性；协商性指所有的选择都不是机械地或严格按照形式—功能关系作出的，而是在高度灵活的原则和策略的基础上完成的；顺应性指的是语言能够让其使用者从可供选择的项目中作灵活的变通，从而满足交际的需要。

根据顺应论，我们必须从语言结构的顺应、语境关系的顺应、顺应的动态性和译者的语用意识程度四个方面描述和解释语言的使用。语言结构顺应指译者在翻译的过程中对语言结构和结构构成原则作出顺应性的选择，共包括四个方面：语言、语码和语体的选择，话语构建成分的选择，话语和语段的选择以及话语构建原则的选择。作者把语境分为交际语境（包括物理世界、社交世界和心理世界）和语言语境，后者也称为语言信息通道，即信道（linguistic channel），指语言在使用过程中根据语境因素而选择的各种语言手段。语境不是静态的，而是由不断被激活的语境因素和一些客观存在的事物动态生成的。语言选择过程的动态顺应可以从时间顺应、不同语境对语言选择的制约以及语言线性结构的灵活变化三个方面得到体现。译者的语用顺应过程涉及认知心理因素，即意识程度。不是所有的语言选择都是有意识、有目的的。由社会和认知因素结合而形成的社会心理（mind in society），是语言使用者作出顺应和生成意义的依据。在言语交际中，人们不仅有语境意识，而且还可以通过社会心理对意识程度的不同反映，选择恰当的语言，作出恰当的顺应。交际者在选择语言、作出顺应时表现出来的自我意识反应，是一种元语用意识（metapragmatic awareness）。人们在使用语言的过程中，如果元语用意识程度较高，顺应过程就是一种对话语作出调整和商议的自我监控过程。

微观层面上的任何语言现象或语言交际都可以根据顺应的意识程度，即社会心理因素作出解释，顺应论可以很好地解决语言使用或语言选择过程中的语用问题。宏观语用学关注的不是语言结构本身，而是语言、语码和语体。语言使用的过程是集认知、社会和文化因素于一身的语言选择过程，所以这个过程不可避免地反映了语言使用者的语用意识。

7.3 文学翻译的顺应论

通过对以上理论的回顾，我们得到一些启发，即可以参照顺应论的框架提出文学翻译的顺应论，从一个新的角度对翻译过程进行尝试性的阐释。

我们认为，翻译可以视为译者在目的语认知语境中，进行语言选择，阐释源发语文化的过程。译者之所以在翻译的过程中对目的语文本作出恰当的选择，是因为目的语与源发语同样具有变异性、协商性和顺应性的特点。

在翻译过程中，当理解了原文的意义之后，译者会有意识地在目的语认知语境的不同层面作出语言选择，来传达原文作者试图表达的意义。译者的选择会受到目的语语言的外部因素及其语言内部因素的制约。这些选择会出现在目的语语言的各个层面，如语音、词汇、句子、超语句等。译者在这些方面的选择通常是同时进行的。译者不仅要选择语言形式，还要选择具体的翻译策略。这一选择是在对原文话语的理解和使用目的语言对其产出的过程中实现的，同时呈现出的还有译者的语用意识程度。翻译过程一旦开始，不论他的选择结果是否能成功地传达原文意义，他都必须在目的语认知语境中作出选择。

由于翻译是涉及两种语言、两种文化之间的交际，所以要想准确地理解译者的语言和翻译策略的选择过程，就需要对 Verschueren 的三个核心概念进行重新定义，以适合相关的翻译理论研究。

> 变异性：界定译者对原文意义、目的语语言选择可能范围的语言特征。
>
> 协商性：根据高度灵活性的原则和策略来对原文意义及相应的目的语语言进行选择的语言特征。
>
> 顺应性：使译者得以从范围不定的语境中对原文意义进行可协商性选择，以及在目的语语言的一系列范围不定的可能性中，进行可协商性语言选择，从而满足交际需要的语言特征。

在翻译过程中，译者应该具有很强的跨文化意识，担负起不同文化之间交流的桥梁作用。译者必须在跨文化交际的过程中发挥自己的主体作用，翻译过程中的顺应也就是在使用目的语语言阐释源发语文化的过程中，译者使自己的翻译活动及思维运作顺应源发语和目的语双方的认知环境，以达到翻译的理想效果。

7.3.1 语言结构的顺应

在运用目的语语言对源发语文化进行阐释的过程中，译者要在语言形式方面作出顺应性的选择。这种选择自然要在源发语与目的语双方的认知环境中进行，要在语言结构层面顺应语码和风格，顺应来自话语构建的全部要素（包括语音结构、语素和词、短语和句子、命题结构及各种超语言单位）。顺应范围涉及话语和话语群集的全部类型。顺应的作出要根据句子和超语句性话语构筑，以及话语群集等层面的话语构建原则来进行。在不同的结构层面上，根据不同的原则进行的选择活动之间总是相互依赖、相互顺应的。

7.3.1.1 *语音层面*

我们认为，在翻译的过程中，译者在上下文语境中传达字面意思的同时，如果能够兼顾到源发语语言的音韵美感，就能使译文更好地传达出原文作者的意思。

(1) Home is home, be it ever so homely.

(章振邦，1995：575)

译文1：不论家多么简朴，家还是家。
译文2：金窝银窝，不如自己的狗窝。
译文3：走南闯北还是自己的家好。
译文4：家虽不佳仍是家（笔者译）①

笔者在教英语专业语法课时，遇到了这个句子，并让学生试着翻译了一下。译文1、2、3是绝大多数学生的选择。这是他们在中国文化与英美文化的认知语境中，在语言层面的顺应性的动态选择中选取的译文，从某种程度上来讲，就些译文都传达了原文的字面含义。不过，译文2加入了汉语的一些文化意象，如“金窝、银窝、狗窝”等。译文3从语言风格上来看，好像是正式文体与通俗语言的混合体。有点遗憾的是，他们的译语选择都没有注意到该句话在语音层面上的特点：三个词有相同的音韵。笔者在翻译该句话的过程中，首先考虑到的是该句话具有谚语式的语言风格，其次考虑怎样传达“home，home，homely”这三个词的音韵。

从语言风格方面来讲，译者要顺应汉语音韵的特点，尽可能地传递原文在音韵上的美感。笔者想起了曾看过的一则译文评析。那篇文章讲的是，在美国竞选州长的过程中，一位参选人采取了各种各样的卑鄙手段拉选票。有一位新闻记者，在对其可耻行为进行评论时，用了这样一句话：“What a candid candidate!”有一位译者给出了这样的译文：“脸皮还不算太厚的候选人!”该译文充分顾及了话语中的音韵效果，很好地传达了记者辛辣讽刺的语言风格。受这个例子的启发，笔者在翻译例（1）时，从顺应中国文化的认知语境的目的出发，给出了“家虽不佳仍是家”的译文。

① 笔者由衷感谢陈宏薇教授的提醒：“在《伊利亚续笔》的一组社会短评里有一篇文章，原题为‘That home is home though it is never so homely’，刘炳善先生将之译为‘家虽不佳仍是家’。”本人品尝到了译文巧合中的惬意与快慰，因为当初（2001年）写这篇文章时，没有读过我的老师刘炳善先生1989年发表在《中国翻译》第1期第40页上的文章。这也许是我与刘老师在译海探索中的心有灵犀吧。在我给出译文4的翻译过程中，我倒是回忆起了中学时代的恩师黄希才先生所翻译的一句英语谚语（原文我记不得了）：“瞎子不算瞎，有眼不看才算瞎。”翻译时从中获取一些灵感。在此对三位学界前辈表示最崇高的敬意!

7.3.1.2 词汇层面

在翻译的过程中，译者必须在解读原文文本，或者说在与原文作者进行跨文化交际对话时动态生成的语境中，于词汇层面作出适当的语言选择。就把握词义的程度而言，译者不仅要把握词语的词汇意义，而且要把握词语的语法意义和语境意义，即从具体的语境出发，细心地体会词汇的意义。

(2) 中国神话之所以仅存零星者，说者谓有二故：一者华土之民，先居黄河流域，颇乏天惠……

（鲁迅：《中国小说史略》）

a. It seems likely that Chinese myths remained separate fragments for the following reasons: First, the early dwellers in the Yellow River Valley were not an imaginative people...

b. The extant Chinese myths are only fragmentary and the reason is two-fold. To begin with, the ancient Chinese inhabiting the Yellow River Valley were not favored by good natural conditions...

（冯国华，2002：76～81）

在翻译此段的过程中，一方面，译者必须在汉语认知语境下，对“惠”字变异性的含义作出协商性的选择。这一选择是根据具有高度灵活性的原则和策略进行的。因为“惠”是一个多义词，在不同的语境中具有变异性的释义：

①“小惠未遍，民弗从也”（《左传·庄公十年》）意为“恩赐”。

②“惠而好我，携手同行”（《诗经·邶风·北风》）意为“恩爱”。

③“昊天不惠，将此大戾”（《诗经·小雅·节南山》）意为“厚待”。

④“其养民也惠”（《论语·公冶长》）意为“宽厚”。

⑤“德胜不祥，义厌不惠”（《汉书·艺文志》）意为“和顺”。

⑥“清声而便体，秀外而惠中”（韩愈：《送李愿归盘谷序》）意为“聪明”。

从上面六个例句中我们可以清楚地看出：在不同的语境中，“惠”字具有不同的含义。译者想要在对原文文本解读的过程中，动态地生成对“颇乏天惠”的语境的正确理解，使该句能被理解为“缺乏优越的自然条件”。

另一方面，译者在用目的语语言阐释该句话时，也必须对“惠”字的英文对应词作出灵活的、协商性的及顺应性的选择。因为“惠”字在英美文化的认知环境中的对应词也同样具有变异性的待选词项，如“favor, kindness, benefit, kind, gracious”等（危东亚，1995：433）。

从原文上下文来看，“华土之民，先居黄河流域，颇乏天惠”应该译成“the early dwellers in the Yellow River Valley were not favored by good natural conditions”或者“the ancient Chinese inhabited the Yellow River Valley, where natural conditions are unfavorable”。所以说，在翻译的过程中，译者需要在与原文作者进行跨文化交际对话时动态生成的语境中，结合汉语认知环境中的历史渊源作出适当的语言选择。在传达原文作者的意思方面，(2b）是恰当的语言选择，做到了较好的顺应。

从语体风格上讲，原文是古汉语，语言风格古朴凝重，即使对于当今的中国读者来说，也较为难懂。两种译文都用了现代英语来阐释原文文本。虽然译者在目的语认知语境中没有很好地作出动态顺应，但是读者仍可接受。试想，假如用古英语从语体风格上作出源发语文本与目的语文本之间的动态顺应，只怕广大读者连读都读不懂，那又何谈用目的语文本与目的语读者进行成功的跨文化交际呢?

7.3.1.3　句子层面

句子是表达思想的基本单位，在文本的构思谋篇中起着不可忽视的作用。能否处理好句子在字面含义和语体风格方面的译文表达，是整个翻译过程得以顺利进行的重要条件之一。在翻译时，译者必须在与原文作者对话的动态语境中，细心体会句子的意思，并对其进行认真解读，以便从字面含义和语体风格方面，使翻译活动顺应目的语文化的认知语境。

(3) Studies serve for delight, for ornament, and for ability.

(Francis Bacon, *Of Studies*)

a. 读书足以怡情，足以傅采，足以长才。(王佐良 译)
b. 读书能给人乐趣、文雅和能力。(廖运范 译)
c. 读书可以怡情养性，可以撷拾文采。(王楫 译)
d. 读书予人乐趣、赋人文才、长人才干。(周仪 译)

《谈读书》是 Bacon 散文语体风格的缩影。他的文笔简约、自信，格言警句迭出。译者要翻译好这篇文章，不但要在阐释字面含义上下功夫，而且更要在把握原文主题思想的同时，注意兼顾对原文文体风格的传达。从文学翻译的顺应论的视角来看，译者既要在字面含义上做好源发语认知语境和目的语认知语境之间的动态顺应，又要在语体风格方面找出一种最佳的顺应。

从四位译者的译文来看，王佐良的译文作出的动态顺应最佳，他把首句语言的含义阐释得准确无误，同时把该句的语体风格，诸如口吻、修辞效果等传达得惟妙惟肖，淋漓尽致，使汉语读者读后回味无穷。(3b)、(3c)、(3d) 有一个共同点：在原文文本的字面含义上，都作出了与目的语认知语境较好的动态顺应。但是，在语体风格的传达上，与王佐良的翻译相比则较为逊色。廖译虽简约，但他的译文的排比修辞效果欠佳，没有在汉语中寻求到最佳顺应。王楫的译文似乎不能顺应原文的简约，而且排比稍欠工整，读起来略嫌拗口。周仪的译文选词得当，排比整齐，但三个顿号似乎打破了排比节奏上的美感。

7.3.1.4 *超语句层面*

衔接和连贯是组句成篇过程中在超语句层面上相辅相成、互为依赖、不可分割的两个方面。“衔接和连贯不是孤立的文本现象，而是实际的交际活动中确立的与交际目的、场合、对象等密切相关的信息传达手段。衔接和连贯是信息发出者进行一系列选择和决策的结果，同时也是信息接受者在解码过程中必须加以识别和依赖的语篇特征。”(李运兴，2001：189)

顺应论认为，意义的生成是语言使用的全部内容。制约话语（及话语群集）产出和理解的主要的话语构筑原则应该和内容的组织有关。这种组织结构在形式上主要体现在衔接的连贯等话语构建原则上（Verschueren，1999：135）。翻译时，在使用目的语言阐释源发语文化的过程中，译者必须使自己的思维顺应源发语文化和目的语文化的思维模式，以便在两种不同的思维模式之间建立起一种有效的转换机制。

(4) 白杨树是不平凡的树。它在西北极为普遍，不被人重视，就跟北方农民相似；它有极强的生命力，磨折不了，压迫不倒，也跟北方的农民相似。

（茅盾：《白杨礼赞》）

White poplars are no ordinary trees. <u>But</u> these common trees in Northwest China are as much ignored as our peasants in the

North. However, like our peasants in the North, . . .

(张培基 译)

从张先生的译文中我们很清楚地看出，他注意到了英语和汉语在逻辑表现形式上的一个重要特点：英语句群的逻辑层次多呈显性，汉语句群的逻辑层次则多呈隐性。显性与隐性虽然矛盾，但译者处理得恰到好处：原文没有使用一个连接话语的构建成分，即汉语句群中没有任何逻辑标记，各词组、句子、句群的逻辑关系全凭读者自己领会。在译文中译者用两个话语的构建成分“But”、“However”把原文的逻辑层次很清晰地表达了出来。这说明，在翻译的过程中译者吃透了原文作者的意图，不仅在原文的字面含义方面，在译语读者的认知语境中作出了很好的顺应，而且在结构层次方面，根据英语逻辑表达的显性特点作出了灵活的变异性顺应，并使用地道的现代英语成功地传达出了原文文本的语体风格。翻译时，译者在目的语文化中不断作出恰当的语言选择是在理解与阐释原文的过程中，或者说是在与原文作者和译语读者的跨文化交际对话的动态语境中进行的。

译者的语言选择除了要考虑如何实现原文话语群集的衔接和连贯问题，有时还要根据具体情况，适当调整叙述思路。所谓叙述思路，即叙述者所遵循的思维路径。一般情况下思维路径是连贯的、不变的，但有时也会发生转换，译文需要在翻译的过程中作出灵活性的、变异性的处理。

(5)（王道士）只觉得事情有些蹊跷。为何正好我在这儿时墙壁裂了缝呢？或许是神对我的酬劳。趁下次到县城，捡几个经卷给县长看看，顺便说说这桩奇事。

(余秋雨:《道士塔》)

He (Taoist Wang) just felt it strange, thinking to himself, “Why did the wall break while I was here? It might be a reward for me from heaven. Next time I go to the county town, I'll show some of these to the county magistrate and tell him about this strange event.”

在上述句群中，作者叙述了一个世纪前莫高窟的王道士偶然发现藏于石壁中的珍贵文物的情况。前两句依循的是第三人称叙述者“他”的思路。但从画线部分，思路便转到王道士“我”的思维轨迹上。这种转换不会破坏语篇的连贯性，因为从汉语读者的认知环境来看，这是十分自然的。读者会构想出有关情节，跟上作者思路的转换，形成一种心理脚本（mental scenario）。

对于译者来讲，使自己的思维顺应原文作者思维轨迹的转变是不会有太大困难的。但是，译者在明晰英汉语篇叙述思路转换的情况下，将自己的思维作出灵活的调整，以顺应译语认知环境中的语篇叙述思维模式，从而使译文文本成功地传达原文作者独特的叙述思维模式这一点却是比较困难的。

译者在注意到原文叙述思路出现变异的同时，对这种变异性作出了顺应于译语认知环境的灵活处理。译者对原文作了两处调整：一是增加了表明情境的词语“thinking to himself”；二是将原文画线部分使用的直接引语作了变异性处理，其实这也是表明情境的手段。这也说明译语文化中表达语篇的叙述思维方式，在翻译的过程中具有高度灵活的协商性、顺应性的特点。

对源发语语篇的衔接手段和连贯结构的认识以及使用译文语言实现语篇的连贯，是翻译操作中的两个重要环节。在翻译过程中，对它们的阐释过程是两种不同文化的构思谋篇，变异思维方式相互顺应、相互碰撞，又灵活协商、求同存异的动态顺应过程。

7.3.2 语境关系的顺应

翻译中的语境是译者在使用目的语阐释源发语文化的过程中动态生成的。语境会随着翻译过程的推进而不断发展与变化。语境关系的顺应是指，在翻译的过程中对目的语语言的选择必须与源发语和目的语双方的认知环境相互顺应。

在翻译中，译者必须顺应目的语语言的社会、文化语境，也就是说，要顺应不同文化的社会政治制度、历史渊源、意识形态、经济方式、时代背景、人文地理环境、民族文化心理、思维方式、宗教信仰等。这些因素会成为语用制约成分，对译者的语言选择产生影响，在某种情况下，这种影响还有可能是决定性的。

（6）Premises：Either the Anarchists or the Communists will win the final victory，The Communists won't，

Conclusion：The Anarchists will win the final victory.

（Allwood，Anderson & Dahl，1983）

前提：或者是无政府主义者，或者是共产主义者，将获得最后胜

利，无政府主义者不会获胜，

结论：共产主义者将获得最后胜利。（注：译者有改动）

（王维贤 译）

在这个例子中，读者不难看出，王维贤的译文选择明显受到了20世纪80年代早期汉语认知语境中意识形态的影响：当时正值文化大革命结束不久，中国人民坚信共产主义必胜，修正主义必败。如果直译，可以忠实地再现原文作者所表达的意义，尽到一个译者应尽的职责。但是中国读者恐怕是难以接受的，因为忠实于原文的译文与我们的意识形态相悖。我们推测，在译者的职责和意识形态的冲突之后，王的译文选择是不得已而为之的。也就是说，占统治地位的共产主义意识形态这一语用因素在他的译文选择中起了决定性作用。

除了社会、文化语境之外，译者的译文选择还必须顺应译文的语言环境。比如篇际制约（intertextuality），译者在翻译时需要判断原文中的语境是否与目的语认知语境有相同或相似之处。如果有，译者就可以采用直接性语用翻译策略（Gutt，1991：133）来实现篇际制约的连贯性，否则，他需要采取间接性语用翻译策略（Gutt，1991：135）来提供原文作者试图传达的互文语境，以满足目的语读者的审美期待。

7.3.3　顺应的动态性

在翻译的过程中，我们还要考虑到顺应的动态性。时间维度会影响译者的语言选择。也就是说，译者的选择会因时代的推移作出不断的调整以适应不同的读者群体。随着时代的发展，目的语读者的阅读视野会不断扩大，其审美期待和接受能力等方面也会不断提高。译者的语言选择和翻译策略由原来的一味考虑目的语读者转向忠实地传达原文的意义，这也许是翻译界学者认同的异化翻译策略渐占上风的一个原因。

翻译活动都是在特定的社会历史条件下进行的，这会对译者的译文选择产生某种影响。首先，译者受所处的社会历史时代的制约，甚至被决定着“译什么”。“五四运动”期间大量译介马克思主义观点的现象就是很好的佐证。其次，译者对原作的理解也是在特定的历史条件下展开的。译者对原文意义的阐释难免会受到当时的社会背景等因素的制约。具体的文化背景会给他的理解打上时代的烙印。除此之外，特定的社会文化背景也会制约译者对翻译策略的选择。“从19世纪70年代到20世纪70年代，中国的文学翻译大致以归化为主；改革开放的二十年间，中国翻译界受到西方翻译理论的启发，对异化、归化进行了重新思考。两种方法在中国渐渐趋向平衡；21 世纪的中国文学翻译，将以异化为主导。”（孙致礼，2002：40～44）

译者在目的语认知语境中不断地进行语言选择，有意识地顺应目的语读者，这一过程是译者在作者和目的语读者之间以协商、顺应的方式进行的。语境关系的顺应、语言结构的顺应以及译者对原文意义的认知处理，促使译者在目的语中一系列可供选择的语言范围内灵活地进行选择，以传达原文的意义。

7.3.4 译者的语用意识程度

译者的语用意识程度是不能够精确度量的。事实上，在翻译研究中也没有必要去确定译者在目的语选择过程中的意识程度。当译者意识到他采用直接性语用翻译策略不能够成功地传达出原文的意义，他与作者和目的语读者之间的交际活动难以顺利进行下去时，他就会考虑读者的接受能力与审美期待，转而采取间接性语用翻译策略，以确保跨文化交际的成功实现。如果翻译过程有政治因素、意识形态和审美观念等因素的介入，译者的语用意识程度会更高，因为译者不得不在恪守忠实传达原文意义的职责和对原文进行操纵性重构的矛盾冲突中作出抉择。

7.4 结语

本章在 Verschueren 的顺应理论的理论框架基础上，尝试性地提出了文学翻译的顺应论，以一个新的视角，从语言结构顺应（语音层面、词汇层面、句子层面和超语句层面）、语境关系顺应、顺应的动态性以及翻译过程中译者的语用意识程度等相互联系的几个方面，对文学翻译过程进行了尝试性的阐释与探讨。从中我们得出如下结论：文学翻译的过程是译者通过在目的语认知语境中进行语言选择来阐释源发语文化的过程。这种不断进行的语言选择活动可能发生在任何一个层面上，包括语言形式和翻译策略的选择。译者之所以在翻译的过程中能够对目的语文本作出恰当的选择，是因为目的语与源发语同样具有变异性、协商性和顺应性的特点。翻译中的语境，是在翻译过程中译者译文时使用目的语语言阐释源发语文化的过程中动态生成的。语境会随着翻译过程的推进而不断发展与变化。在顺应的过程中，译者必须使自己的翻译活动及思维运作方式顺应源发语和目的语双方的认知环境。在翻译过程中，译者应该具有很强的跨文化意识，担负起沟通不同文化的神圣职责。译者还必须在跨文化交际的过程中发挥自己的主体作用。只有这样，不同文化之间的跨文化交际活动才能够顺利进行。

第五部分

『关联—顺应』翻译视角

第8章 翻译过程研究的“关联—顺应”模式

8.1 引言

近年来，海内外学者意识到，目前的翻译研究缺乏系统性（Gutt, 1991），因此提倡从整体上、宏观上将翻译理论研究系统化（郭建中, 2000）。这样可以大大推动翻译学科的建设。要从整体上、宏观上研究翻译就不能忽视对翻译过程的研究。在本章，我们以“十五个吊桶打水，七上八下”所承载的文化意象的翻译过程为个案，来回顾和反思西方学者有关翻译过程的观点，并指出他们观点的不足之处，和有待进一步完善和发展的地方。然后，我们将在语用学关联论和顺应论的基础上，尝试构建一个“关联—顺应”模式，以期对翻译过程作出更有力的阐释。

8.2 翻译过程观点例证

文化意象在翻译过程中是一个十分复杂的问题。它的成功传达是一个复杂的过程，也是译者无法回避的问题。

(1) a. 那胡正卿心头“十五个吊桶打水，七上八下”。

（施耐庵:《水浒传》第二十六章）

Hu Cheng-ching was very much upset by this, and his heart was beating like fifteen buckets being hurriedly lowered into the well for water—eight going down while seven coming up.

（Shapiro 译）

b. 他这一阵心头如同十五个吊桶打水，七上八下，老是宁静不下来。

（周而复：《上海的早晨》第五十二章）

His mind was in turmoil these days and he was quite unable to think straight.

（Barnes 译）

对“十五个吊桶打水，七上八下”这一互文性话语的翻译过程，我们参照以往译论作出如下解释。

8.2.1 Nida 的观点

Nida 认为翻译过程可以分为四个阶段，即分析（Analysis）、转换（Transfer）、重组（Restructuring）和检验（Test）。

根据他的观点，在分析阶段，主要是确定原文文本（词汇、句法、和修辞等各方面）的意义。换句话说，在分析的过程中，内容和形式都要考虑。具体到我们的例子中来讲，译者必须知道“十五个吊桶打水，七上八下”相当于形容词的补足成分、处于原语的谓语位置、其修辞特征为暗喻、具有汉语口语语体等特征，其内容为表达人的心情忐忑不安。

转换，即从一种语言转换为另一种语言，也就是从源发语转换成目的语。对于该例子而言，在把“十五个吊桶打水，七上八下”转换成英文时，译者的思维究竟如何运作，Nida 的观点不能作出确切的解释，因为他对译者的思维运作过程没有作深入的研究。

重组，就是译者在分析过程中将译文的深层结构转换成目的语的表层结构。也就是说，将“十五个吊桶打水，七上八下”的深层含义——“表达人的心情忐忑不安”，转换成英语的表层结构：“fifteen buckets being hurriedly lowered into the well for water-eight going down while seven coming up”或者“in turmoil”。

检验，即对原文和译文进行比较。检验的不是文字或语法是否对应，而是对比原文的意义和译文的意义是否对等。Nida 认为，判断译文质量的最终标准应基于以下三个方面：①能否使读者（接受者）正确理解原文信息，即“忠实原文”；②是否易于理解；③形式是否恰当，吸引读者（接受者）。

“动态对等”是 Nida 翻译理论的核心，它要求译者对译文进行相应的调整以满足不同接受者的需求。从该标准来看，评判译文质量时要以译文接受者对译文的反应为衡量标准。对于该例译文，如果英美读者对“十五个吊桶打水，七上八下”这一文化意象的内涵很熟悉，那么这两种译文可以说是平分秋色，否则，孰好孰坏恐怕是仁者见仁、智者见智了。

我们认为，Nida 在描述翻译过程时所设定的流程直观、简单明了。他所勾画出来的是一个具体的翻译操作过程。但不足之处是，在他描述的转换阶段中，“转换的心理机制至今是一个谜”（郭建中，2000：66），而Nida没有努力去揭开这个谜。由此看来，Nida 并没有详细地解释译者思维运作的动态过程。

8.2.2　Bell 的观点

Bell 指出，翻译过程分为分析和综合两个阶段，每个阶段各包含了三个不同的操作领域（句法、语义、语用）。在翻译的解码过程中，译者要通过句法、语义、语用等分析获得原文的语义再现（semantic representation）和文体（style）等内容，然后在翻译的构码过程中再经过语用、语义和句法等合成来生成译文。

根据他的观点，要阅读文本，必须首先进行句法分析，知道“十五个吊桶打水，七上八下”处在原文中的谓语部分；然后通过语法分析器以及词汇搜索系统进入语义分析阶段，清楚“十五个吊桶打水，七上八下”是“形容人的心情忐忑不安”；第三步进入语用阶段，找出主位结构，即他这一阵心头（T）如同十五个吊桶打水，七上八下（R）；最后对其进行语域分析，分析出汉语歇后语的口语文体。

这样，经过以上几个阶段的分析后，文本会进入语义再现阶段、思维组织阶段和计划阶段。文本的语义再现包括句法、语义和语用三个方面的信息：分句结构、命题内容、主位结构、语域特征、言外之力、言语行为等。语义再现就是对分句进行句法语义和语用三个方面分析后所得出的结果。对该例来说，就是对“十五个吊桶打水，七上八下”进行具体分析。

同时，整个分析还会输入思维组织器官，许多译者在正式翻译前，都会通读一遍全文，实际上就是在做这项工作。分析还会进入计划器，在这一阶段，译者要决定“十五个吊桶打水，七上八下”是否值得翻译。

当原语文本已转换为语义再现后，如果译者已经决定要对其进行翻译，就会进入合成过程，即在翻译的构码过程中再经过语用、语义和句法等合成来生成上述译文。

从某种意义上来讲，该模式的优点是试图从认知的角度来描述翻译的思维过程，解释原文文本与译文形成的详细过程。缺点是流程图复杂，缺少可操作性。“Bell 讲的翻译的第二个步骤就是原文的语义表现合成为译入语文本，但是他没有讲清楚合成的具体步骤。”（孙艺风，2000：61）“把整个文本进行线性分割处理，其单位为‘分句’。……在大多数情况下，句子确实是可供处理的较好的翻译单位，但是也有例外。”（廖七一，2001：229）“对于呼唤功能文体，其最小翻译单位是段落，最大翻译单位为文本。”（Newmark，2001：15）我们认为，由于 Bell 主要依赖语言学理论来建立翻译模式，所以他设计的翻译流程图并没有动态地描述出双语转换时译者的思维运作过程。

8.2.3 Gutt 的观点

关联翻译理论（Gutt，1991，2000）把翻译视为一个认知推理的交际过程。参照该理论，我们在译者翻译“十五个吊桶打水，七上八下”时，对其大脑信息处理机制的运作过程作出这样的解释：当译者翻译“十五个吊桶打水，七上八下”这个互文性歇后语时，必须作出语境假设，在英美读者的潜在语境中寻找关联。译者之所以花费较大的推导努力，也难以达到应有的语境效果，是因为在译入语读者的认知环境里不存在类似的打水装置。

Shapiro 用了直译的方法，但他的译文不能使英美读者抓住该歇后语具有的文化内涵：心情忐忑不安。也就是说译者只传达了作者的信息意图，而该歇后语所产生的联想意义及意境效果则没有传达出来，因而导致这一互文性翻译在交际意图中出现了文化亏损。这样，译者也不可能使原文作者的意图与英美读者的期盼相吻合。

Barnes 依赖其百科知识和原话语的百科信息，作出了恰当的语境假设，抓住了“十五个吊桶打水，七上八下”的文化内涵，在英美读者的认知环境中，寻找到了最佳关联：“one's mind be in turmoil.”在翻译的过程中，Barnes 使他的思维与作者的认知环境及英美读者的认知环境相关联。他也许知道，“十五个吊桶打水，七上八下”中的“七上八下”与形容人的心情忐忑不安的成语“七上八下”形成双关，但其译文使“十五个吊桶打水，七上八下”的文化意象出现了信息意图的文化亏损，因而不能忠实地传达汉语认知语境中这一独特的文化意象。

从译文应该是同原文释义相似的接收语语段来看，我们可以这样评价：Shapiro 的译文释义相似于原文作者的信息意图，而使其交际意图出现了文化亏损；Barnes 的译文释义相似于原文作者的交际意图，而使文化意象所承载的信息意图出现了亏损。

Gutt 观点的优点在于：对译者思维运作的过程作出了具有说服力的阐释；但其缺陷也不容忽视：最佳关联性是译者力争要达到的目标，也是翻译研究的原则标准，但这一原则标准似乎过于抽象。译者在翻译的过程中怎样作出语境假设？具体在哪个层面上与目的语相关联？对这些问题，他却没有作出详尽的说明。

8.3　“关联—顺应”模式

基于以上的分析，我们认为有必要探索出一种新的“关联—顺应”模式，来弥补以往译论在解释译者思维运作过程方面存在的缺陷，和关联翻译理论描述性不充分的不足之处。

关联理论和顺应理论是研究“关联—顺应”模式的理论基础。关联理论（Sperber & Wilson，1986）研究的是听话人在交际过程中是如何通过作出语境假设，寻找关联，来理解说话人的信息意图和交际意图的；顺应理论（Verschueren，1999）研究的是语言使用者是如何通过连续不断地进行语言选择来实现交际的。

我们认为，在翻译过程中，译者的角色类似于言语交际中的说话者与决策者。参照关联理论和顺应理论的理论框架（参见第 2 章，第 15 ~ 16 页；第 7 章，第 50 ~ 51 页），我们尝试构建一个“关联—顺应”模式：

> 翻译是译者与原文作者（交际者）或原文话语进行跨文化对话时，在源发语和目的语认知语境之间进行动态顺应的过程；也是在这一动态顺应的过程中，进行认知推理、寻找关联的明示的交际过程。
>
> 在翻译的整个过程中，译者必须使他的思维在原文作者和目的语读者的认知语境之间相互顺应。这种顺应过程是动态的。译者解读原文文本时，他的思维必须动态地顺应源发语认知语境。换言之，在这一过程中，译者要根据源发语文化的认知方式、思维方式来理解原文。译者在原文文本明示的基础上，根据原文的词汇信息、逻辑信息以及他的百科信息作出语境假设，寻找关联，并解读原文作者（交际者）试图传达的关联假设。从这些关联假设中，译者须找出一个最佳关联，即原文作者试图传达给读者的交际意图。
>
> 译者使用目的语语言阐释原文话语的过程，也是一个动态顺应目的语的认知语境的过程。换言之，在这一过程中，译者必须顺应目的

语文化的认知、构思谋篇等方式来进行语言选择。该过程是，在从原文话语中解读出来的最佳关联的引导下，译者进行不断的、有意识的语言选择，从不同的语言层面或者文化层面，顺应目的语认知语境。

译者之所以在动态顺应的过程中能够对目的语话语作出恰当的选择，是因为目的语认知语境与原语认知语境同样具有变异性、协商性和顺应性的特点。翻译中的语境是译者在顺应原语认知语境和目的语认知语境，与原文作者进行跨文化对话的过程中动态生成的。译文应该是同原文释义相似的接收语语段。该相似性语段是在两种不同的认知语境之间，相互顺应、寻求关联的过程中动态生成的。

该模式对“十五个吊桶打水，七上八下”这一话语的翻译过程作出如下阐释：

在翻译的过程中，译者要使自己的思维动态顺应源发语认知语境。在这一过程中，译者要根据源发语文化的认知方式、思维方式来理解原文。根据关联理论，每一个明示的交际行为都应设想为它本身具有最佳关联性。在原文文本明示的基础上，译者作出语境假设，寻找出“十五个吊桶打水，七上八下”在词汇层面以及汉语口语风格上的关联假设。参照顺应理论，在这一过程中，也需要译者在汉语认知语境和汉语语言结构的顺应过程中找出最佳的关联假设。要寻找出最佳关联，必须从原文的词汇信息（十五个吊桶打水时，会呈现出七个桶向上运行，八个桶向下运行的情景）、逻辑信息（心里的忐忑不安与对十五个吊桶打水情景的联想以及该话语上下文之间的逻辑关系）和译者的百科信息在“十五个吊桶打水，七上八下”这个歇后语的前文本及相关互文性话语中作出恰当的语境假设。

译者的思维在顺应汉语语言结构、汉语口语风格与汉语认知环境时，在解读原文话语“十五个吊桶打水，七上八下”的过程中作出语境假设。该语境假设是译者在与原文作者进行跨文化对话的交际过程中，与原文作者的认知语境相互顺应的过程中动态生成的。译者找寻的最佳关联应该是：原文作者的信息意图是该歇后语的字面含义，交际意图是由该信息意图唤起的联想意义或者意境效果，即“心情忐忑不安”。

下面我们再来分析译者在得到最佳关联假设之后，他是通过怎样的思维运作以给出相应的译文的。

译文语言的选择和运用（在该例中即“十五个吊桶打水，七上八下”的词汇层面以及口语语体方面），必须在译者从原文话语解读出来的关联假设的引导下进行。译者首先要判断原文作者试图传达给原文读者的关联假设在英美读者的潜在认知语境中是否存在。其次，如果存在，则要考虑从中调出语境假设是否十分费力、推导努力和语境效果是否相称等。

具体地讲，由于两位译者对汉语认知语境中独特的文化意象的陌生感，他们要从英美读者的认知语境中调出相关的语境假设将会十分费力，需要付出的推导努力较大，因为在英美读者的认知语境中没有类似的打水装置，如此，又怎能谈得上让英美读者欣赏该文化意象的联想意义呢？

除此之外，译者还必须使自己的思维在英语的词汇层面和语体方面与英美读者的潜在认知语境进行变异性、协商性、顺应性的运作。并且，这一过程也是与汉语语言结构，以及汉语认知语境相互顺应的动态过程。

具体地说，译者需要思考付出推导努力后，从英语读者的潜在语境中调出的英文表达：“fifteen buckets being hurriedly lowered into the well for water—eight going down while seven coming up”或“one's mind being in turmoil”是否既能传达出原文作者的信息意图和交际意图，又能传达出相应的语体效果。再者，在宏观的文化层面上，通过该译文，英美读者是否能达到与汉语读者在汉语认知语境中相同或者相似的心灵契合与共鸣。

我们再回过头来看这两位译者的译文。我们认为，两位翻译家在顺应汉语认知语境，解读原文作者试图传达的信息意图和交际意图的关联假设的过程中，都作出了正确的语境假设。换言之，他们的思维运作正常。但他们的译文为什么不能很好地传达出原文作者的意图呢？原因在于，译者的思维运作和具体的翻译操作，在与原语认知语境以及英美读者的认知语境相互顺应的过程中，由于英语语言无法成功再现汉语的独特文化意象所致。

Shapiro 用了直译的方法，但他的译文不能使英美读者抓住原文的文化内涵：心情忐忑不安。也就是说，译者只传达了作者的信息意图，而该歇后语所产生的联想意义及意境效果则没有传达出来，因而导致这一互文性翻译在交际意图上出现了亏损。Barnes 采用了意译，译为“one's mind be in turmoil”。但其译文使“十五个吊桶打水，七上八下”的文化意象出现了信息意图的亏损，因而不能忠实地传达汉语认知语境中这一独特的文化意象。

从译文应该是同原文释义相似的接收语语段来看，我们可以这样评价：Shapiro 的译文释义相似于原文作者的信息意图，而使其交际意图出现了文化亏损；Barnes 的译文释义相似于原文作者的交际意图，而使文化意象所承载的信息意图出现亏损。

8.4 结语

本章回顾了西方学者对翻译过程的研究，以“十五个吊桶打水，七上八下”这个具有民族文化特色的歇后语的翻译为个案，论证了他们的观点在阐释翻译过程方面的可行性，并在对其进行评论时指出了其中的不足之处。然后在语用学的两大理论——关联理论和顺应理论的理论框架基础上尝试构建一个新的“关联—顺应”模式，以便对翻译的动态过程作出有力的解释：翻译是译者与原文作者或原文话语进行跨文化对话时，在源发语和目的语的认知语境之间进行动态顺应的过程，也是译者进行认知推理、寻找关联的明示的交际过程。

第9章 译文读者为中心的认知和谐原则

9.1 引言

自20世纪60年代Nida（1964）提出“等效翻译”理论以来，该理论在翻译界产生了极为深远的影响。随后还有一些学者如Kade（1968）、Koller（1983）、何自然（1992）等都提出了不同的等效概念，来评价目的语文本对译文读者心理产生的反应。他们的观点需要进一步丰富和完善：对为什么译者在产出译文文本时，要考虑“等效”原则，换言之，是什么原因促使译者在其语言选择的背后试图达到译文等效的解释得还不是很清楚。

在本章中，笔者反思性地回顾了等效理论，然后以社会心理学理论为理据，在Sperber与Wilson的关联理论（1986）以及Verschueren的顺应理论（1999）的框架内，提出了一个“以译文读者为中心的认知和谐原则”，来揭示译者译文选择背后的心理动机。

9.2 等效理论：回顾与反思

传统译论主要从“忠实”的角度对译文文本进行评估性研究。功能对等和形式对等这一对概念早有人提出，但由Nida加以完善后，才成为翻译理论研究中一对很重要的概念。所谓“功能对等”就是指译文要在语言的功能上与原文对等。这种对等是以译文读者的心理反应为基础的。Nida之后，一些学者还提出了不同的“等效理论”参照体系：Kade把研究限定在内容层面，即译文表达与原文表达之间存在着一对一、一对多、一对部分和零对等这四种不同的对等情况（Munday，2001：46～49）；Koller提出了五个参照系，分别是外延对等、内涵对等、语篇规范对等、形式对等、语用对等（Hatim，2001：28）。Koller的语用等效近似于Nida的动态对等，它是以目标文本或信息为取向的，以追求译文读者读译文获得的心理反应与原文读者读原文的心理反应相似为目的。何自然（1992）提出“语用等效”：语用翻译可以通过两种语言的对比，分别研究语用语言等效和社交语用等效的问题，即力求翻译中的语用语言等效，注意传达原著的“语用用意”。与此同时，译者还要从社会、文化交际的角度去考察语言的使用。

从以上的回顾中，笔者认为：翻译理论家是站在译者的角度提出等效翻译理论，来预测译文文本对译文读者产生的心理反应的。但是，他们忽视了在翻译过程中译者作出这些预测时脑内的思维过程，也没有对译者译文选择背后的心理动机进行深入研究。

9.3 理论依据

本章的研究主要以语用学的关联理论（参见第2章，第15~16页）和顺应理论（参见第7章，第50~51页），以及社会心理学理论作为研究理据。

认知一致性理论（Heider，1958）认为，人们常常接受适合他们总体认知结构的态度，往往在他们的态度之间，或者态度与行为之间寻求认知上的一致。当有几种信念或价值观不一致时，他们总会努力使其保持一致。如果他们的认知已经达到了一致，但又面临着一种可能导致不一致的新认知时，他们会努力把这种认知的不一致状态降到最低程度。尽力保持或恢复认知上的一致性是人们在交际中的一个主要心理倾向。认知不和谐理论（Festinger，1957）认为，在达到认知一致的过程中，会存在一种压力。认知上的不一致常常给人们的心理产生了这种压力感，因而人们会设法将其去除。减少压力意味着恢复认知上的一致性，或者和谐状态。当人们的行为在某种意义上不可逆转或不可改变时，减少认知不和谐的主要途径是改变自己的态度，以便使自己的认知平衡协调，并尽可能地保持认知的和谐状态。动机理论（Kelly，1987）认为，人们在交际中总是采取使自己的利益最大化的态度。每件事情都有损、益两个方面，一般情况下，人们会坚持站在对自己利益最大的一个方面。

9.4 译文读者为中心的认知和谐原则

之所以在关联理论和顺应理论的框架内提出“译文读者为中心的认知和谐原则”，是因为关联理论研究听话人如何理解说话人的话语，顺应理论研究交际者如何使用语言。在此基础上，我们把译者当作跨文化的交际者，运用逻辑推理的方法来揭示和描述：在翻译过程中，译者作为读者和研究者怎样理解作者的意图，以及译者作为作者的“替身”、再创造者、协调者，怎样有意识地对译文语言进行选择，从不同的心理角度来顺应译文读者。社会心理学理论旨在研究说服性交际中人们的态度及其行为之间的关系，我们将其引入译者思维运作的研究中来探讨：是什么原因促使译者不断地作出译文语言选择？

译文话语完成之后，留给译者的难题便是：这些话语是否能够为译文读者所接受。一般来讲，译文读者在对译文话语进行认知处理时，是译文本身的质量“说服”了他们接受这些话语，从而使其与译者之间的交际取得成功。这一事实是以译者对其所从事的翻译任务持有的良好态度与其对译文话语负责任的翻译行为为前提的。

我们认为，译者的翻译态度应该是尽可能充分地传达作者的意图或者对其信息意图进行操纵性重构，而这必须以确保译文读者的认知和谐为前提；译者的翻译行为是译者作出合适的语言选择并采用适当的语用翻译策略来确保这种和谐状态的实现。我们把“认知和谐”的概念界定为：译文读者在认知处理作者的信息意图和交际意图的过程中，译文话语在译文读者心理上产生的认知上的一致性。简言之，译者的语言选择不应该让译文读者在心理上产生压力或者使其感到不舒服。

笔者试图进一步提出“译文读者为中心的认知和谐原则”，来揭示译者语言选择背后的心理动机。

> 在翻译过程中，译者的语言选择和语用翻译策略必须聚焦于传达作者的意图，或者对其信息意图进行操纵，而不是使译文读者——具有接受异域文化心理准备的译文话语的主动接受者——付出不必要的推导努力来获得原文作者试图传达的语境效果。并且，在译者操纵性地重构作者的信息意图时，这些语言选择和翻译策略会产生与作者试图传达的信息相似的语境效果，以便迎合译文读者的审美期待和接受能力。

> 在译者与译文读者的交际中，译者一方，意欲使他的译文选择满足译文读者的认知和谐，这样就可以使他的译文话语为读者所接受，从而使他个人的利益最大化。译文读者一方，在阅读译文话语，认知处理作者信息意图和交际意图的过程中，会努力寻求认知上的和谐。

作者产出原文话语，一般有两个目的：其一，在原文读者的心理上产生语境效果；其二，减少读者认知处理该话语所付出的推导努力（Sperber & Wilson，1986：202）。同理，在译者一方，作为作者的替身，以及文本的再创作者、话语的协调者，他的语言选择也应该达到两个目的：在译文读者的心理上产生认知上的和谐；减少他们的认知在处理译文话语时所付出的推导努力。译者没有理解作者的交际意图，或者他的语言选择不能够满足读者的审美期待和接受能力，将使交际双方的认知处于不和谐的状态。这就会在译者的心理上产生压力，使他不得不想方设法减少或者去除这一心理压力。减少译文读者认知不和谐的主要途径是，译者必须认知处理出与作者的交际意图相匹配的最佳关联，并且作出适当的语言选择把其传达出来。理性的译者会有意识地进行语言选择，使他的译文话语产生语境效果，并且不会使读者付出不必要的推导努力去体味作者试图传达的语境效果，也可以使读者体味出由译者对作者信息意图的操纵性重构而产生的近似于作者试图传达的语境效果。

为了确保译文读者的认知和谐，译者在加工处理作者信息意图和交际意图的过程中负有双重推理的责任：译者必须体会出作者的意图，即他试图传达给读者的语境假设；同时译者还必须了解译文读者的认知语境。换言之，译者首先要了解作者试图传达给原文读者的语境假设在译文读者的潜在语境中是否存在。如果存在，则要考虑从中调出所需要的语境假设是否十分费力，推导努力和语境效果是否相称等。

在与作者的跨文化心理对话的过程中，译者寻找最佳关联的过程，实际上是一个达到自己认知和谐的动态过程。如果没有正确阐释作者的意图，译者就不可能成功地予以传达，就会感到有压力。因此，译者不得不根据原文话语的词汇信息、逻辑信息及百科信息作出语境假设，继续阐释与作者的交际意图相匹配的最佳关联。只有这样，译者的心理才会有认知上的和谐，这是他的语言选择满足译文读者认知和谐的前提条件。

再者，为了确保读者的认知和谐，译者产出译文话语时，应该把作者的信息意图和交际意图明晰地传达给读者。他必须根据其意向读者来决定自己的语言选择。他需要判断译文读者和原文读者可能共有哪些语境假设。在此基础上，译者将决定如何把他根据原文话语及其语境假设承载的作者的明示和隐含传达出来。他会调动现有的认知资源作出语言选择，并考虑以下三点因素：

其一，如果作者试图传达的语境假设在译文读者的认知语境中存在，译者不得不思考如何同时传达出作者的信息意图和交际意图。

其二，如果不存在，由于跨文化差异的因素，他不得不考虑如何牺牲作者的信息意图而传达出其交际意图。

其三，如果他的译文选择受到译文认知语境中的政治因素、文化规约、意识形态等方面的操纵，他不得不考虑是否操纵作者的信息意图，以便迎合译文读者的审美期待和接受能力。译者所做的这一切必须以满足译文读者的认知和谐为前提。

在交际的过程中，译者和他的意向读者都会在认知处理作者的意图方面，寻求认知上的一致性。只有采取与作者近似的创作态度，并且调动译文认知语境中已有的认知资源，译者的译文选择才能够在读者的心理上产生认知上的和谐。一旦达到了这一境界，原文话语所包蕴的意境效果就会让译文读者回味无穷。

当译文选择没有在读者的心理上产生认知和谐时，译者就会感到心理上有压力。这种压力会促使译者不遗余力地进行合适的语言选择。这是为什么呢？因为在其翻译行为背后，一般存在着这样一个心理：产出能够使他的利益最大化的译文话语。这样的译文能够很好地传达出作者的意图，并且获得译文读者甚至翻译界的广泛认可。之所以这样做，是因为“失败的或者平庸的译文可能会影响到译者自己的声誉，甚至毁了他的翻译事业……”（Koskinen，2002：118）。罗新璋的翻译风格“语不惊人死不休”（许钧，2001），严复的名言“一名之立，旬月踟蹰”，便是译者在确保译文读者认知和谐过程中所追求的翻译最高境界之真实写照。

（1）a. 悼红轩
Mourning-the-Red Studio
（杨宪益 译）
Nostalgia Studio
（Hawkes 译）

b. 千红一窟
Thousand Red Flowers in One Cavern
（杨宪益 译）

Maiden's Tears

（Hawkes 译）

c. 怡红院

Happy Red Court

（杨宪益 译）

House of Green Delights

（Hawkes 译）

d. 怡红公子

The Happy Red Prince

（杨宪益 译）

Green Boy

（Hawkes 译）

（曹雪芹、高鹗：《红楼梦》）

在这些译例中，作为作者的潜在读者，著名汉学家 Hawkes 和杨宪益抓住与曹雪芹的交际意图相匹配的最佳关联。但是，在产出译文话语的过程中，为什么 Hawkes 总是避开"红色"，而杨宪益却直接选择它来传达作者的意图呢？原因是 Hawkes 在英语译文选择时考虑到了英美读者的审美期待和接受能力。他知道：在西方认知语境中，"红色"的原型意义与"血和火"有密切的联系，因而这一文化意象会在西方读者心理上产生认知上的不和谐感。如果采用直接性语用翻译策略，他的语言选择就会使西方读者感到有压力。为确保读者的认知和谐，他只有采用间接性语用翻译策略，虽然牺牲了作者的信息意图，却成功地传达出交际意图。

杨宪益采用直接性语用翻译策略来传达作者的意图，把"红色"这一文化意象传达给西方认知语境的心理，在其最终的译文选择中起着决定性的作用。并且，该译文话语也可以传达出作者的交际意图，因为"红色"总是和喜庆的场合联系在一起。杨宪益在翻译时可能作出了这样的预测：在他们那个年代的西方读者能够理解其语言选择；即使当时不能很好理解，但随着中西方跨文化交际的不断加快，英美读者的阅读视野逐步扩大，他们便会逐步接受具有中国民族特色的文化意象。

下面，根据译者如何履行自己传达作者意图的职责、采用适当的语用翻译策略进行语言选择、确保译文读者认知和谐的翻译态度三者之间的互动情况，笔者把翻译中的跨文化交际分为理想的翻译跨文化交际、妥协的翻译跨文化交际和受操纵的翻译跨文化交际。

9.4.1 理想的翻译跨文化交际

译者成功地传达出作者的信息意图和交际意图，并且使二者与译文读者的审美期待和接受能力相吻合，即为“理想的翻译跨文化交际”。请大家仔细阅读下面这则译例。

(2)“三个臭皮匠，合成个诸葛亮”，这就是说，群众有伟大的创造力。

（毛泽东，1991）

a. The old saying, “Three cobblers with their wits combined would equal Zhuge Liang, the master mind”, simply means the masses have great creative powers.

（王佐良 译）

b. The wit of three cobblers combined surpasses that of Zhuge Liang the master mind.

（冯庆华，2003：60）

c. Three cobblers with their wits combined surpass Zhuge Liang the master mind.

[Zhuge Liang: a statesman and strategist in the period of the Three Kingdoms (220 A. D. – 265 A. D.), who became a symbol of resourcefulness and wisdom in Chinese folklore.]

（冯庆华，2002：424）

d. Two heads are better than one.

（包惠南，2003：161）

在作者一方，毛泽东会把他的信息意图“三个臭皮匠，合成个诸葛亮”明晰地传达给汉语读者。他相信从他的信息意图中，读者会解读出他的交际意图——“人多智广”。在译者一方，在与作者的跨文化心理对话中，作为潜在英美读者的一员，王佐良作出语境假设，进行推理并获得了与其交际意图相匹配的最佳关联——“人多智广”。找到最佳关联之后，在它的引导下，译者将在西方认知语境中作出相应的语言选择。由于英语中没有与“诸葛亮”相对应的词语，王佐良不得不考虑如何使他的语言选择顺应译文读者，并且使作者的信息意图和交际意图与他们的审美期盼相吻合。为此，他的译文话语给作者明示，“three cobblers”、“Zhuge Liang”，并增加隐含信息“with their wits combined”、“the master mind”。

从（2a）~（2d）中，我们看到：译者正确认知并处理了与作者的交际意图相匹配的最佳关联。在此基础上，他们从各自不同的心理角度使其译文选择顺应英美读者。不同的译文话语反映出译文语言，并为译者提供了语言选择的潜在范围，同时也表明：目的语言能够使译者以高度灵活的方式进行语言选择，来传达作者的信息意图和交际意图。译者成功地在（2a）、（2b）、（2c）和（2d）范围内进行协商性的语言选择，从而确保译文读者和译者之间的成功交际。

（2a）和（2b）表明：王佐良和冯庆华出于把中国的文化意象传达给西方认知语境的心理和迎合英美读者的审美期待的考虑，来进行语言选择以顺应西方读者。冯庆华考虑到了译文读者的接受能力选择以给（2c）加脚注的语用翻译策略。这些译文话语很好地传达了作者的意图，满足了译文读者的认知和谐，而不会使他们付出不必要的推导努力来体味作者试图传达的语境效果。读者能够理解和欣赏原文作者的信息意图和交际意图，因为他们是译文话语具有主观能动性的接受者，能够认知推理出“诸葛亮”是中国历史人物中的智者形象以及“臭皮匠”是愚笨者的形象。然后，译文读者的脑海里就会出现类似于西方谚语（2d）所产生的意境效果（李占喜，2007）。

9.4.2 妥协的翻译跨文化交际

在处理具有民族特色的文化意象时，译者牺牲了作者的信息意图，却成功地传达出作者的交际意图，这种间接性语用翻译策略可以满足译文读者的审美期待和接受能力，即“妥协的翻译跨文化交际”。

当译者意识到在西方认知语境中没有与“诸葛亮”相对应的语境假设时，他作出语言选择（2d），来减轻西方读者不能够很好理解这一独特的中国文化意象所产生的心理压力。它虽然牺牲了作者的信息意图，使英美读者失去了认知处理文化承载语“诸葛亮”的机会，但传达出了作者的交际意图——“人多智广”。这样，译文就不会使读者在认知处理译文话语时，心理上感到有压力。

9.4.3 受操纵的翻译跨文化交际

在翻译过程中，由于受到译文认知语境中的政治因素、意识形态和审美观念等方面的制约，译者在其译文选择中对作者的信息意图进行操纵性重构，来迎合译文读者的审美期待和接受能力，即“受操纵的翻译跨文化交际”。

即使不得不对作者的信息意图进行操纵性重构，译者仍然会为了满足译文读者的认知和谐，而进行激烈的思想斗争：一方面，他要试图传达出作者的信息意图和交际意图，否则，他就会感到没有尽到一个译者应尽的职责；另一方面，译者在翻译过程中又不可避免地被迫向译文认知语境的相关方面作出妥协。因而，对作者的信息意图进行操纵性重构时，译者不得不委曲求全，来迎合译文读者的审美期待和接受能力。否则他的译文话语会使读者的认知处于不和谐状态，与译者近似的心理冲突也会发生在译文读者身上。另外，他也会面临政府机构给予的政治压力，面临两难境地。压力之下，对作者的信息意图进行操纵时，他不得不采取明哲保身的处世态度，这样，译文会与作者试图传达的意图出现某些偏移。

（3） Premises：Either the Anarchists or the Communists will win the final victory，

The communists won't，

Conclusion：The Anarchists will win the final victory.

（Allwood，Andersson & Dahl，1983：17）

a. 前提：或者是无政府主义者，或者是共产主义者，将获得最后胜利，

无政府主义者不会获胜，

结论：共产主义者将获得最后胜利。（注：译者有改动）

（王维贤 译）

b. 前提：或者是无政府主义者，或者是共产主义者，将获得最后胜利，

共产主义者不会获胜，

结论：无政府主义者将获得最后胜利。

（笔者 译）

为什么王维贤在正确认知处理与作者的交际意图相匹配的最佳关联的基础上，作出语言选择（3a）而不是（3b）？由于受处于西方认知语境中意识形态的影响，作者有一个很强的信念：共产主义绝不会取得最后的胜利。在进行汉语语言选择传达作者意图时，尽管中西方认知语境中都存在着“共

产主义和修正主义”的语境假设，但王维贤还是承受着很大的心理压力。

如果采用直接性语用翻译策略，选择译文（3b）传达作者的意图，王维贤的译文话语将会受到20世纪80年代初期中国认知语境中占统治地位的意识形态的影响，文化大革命（1966—1976）刚刚结束不久，中国人民坚信共产主义理想。尽管译者采用了间接性语用翻译策略来传达作者的意图，但他在心理上或多或少会感到不安，因为他的译文选择没有完全忠实于作者的意图。在他的脑海里一定进行过一场激烈的思想冲突。最终，受意识形态的干涉，他操纵了作者的信息意图，并故意将其改变，以满足中国读者和译者本人的认知和谐。

9.5 结语

在本章，通过对等效翻译理论进行的反思性回顾，我们发现翻译理论家是站在译者的角度提出该理论，并预测译文文本对译文读者产生的心理反应的，但他们没有对译者译文选择背后的心理动机作深入研究。以此为切入点，借鉴社会心理学理论，在 Sperber 与 Wilson 的关联理论以及 Verschueren的顺应理论的框架内，我们提出了“译文读者为中心的认知和谐原则”，从而揭示了译者译文选择背后的心理动机：译者意欲确保译文读者的认知和谐，其译文选择不会使译文读者付出不必要的推导努力，便可以体味出作者试图传达的意境效果。

新原则的提出有一定的理论意义和实践意义。从理论上来说，它给我们呈现出翻译过程中译者认知心理过程的真实画面，可以缓解译者履行传达作者意图的神圣职责与不得不操纵或改变其信息意图之间的思想冲突；使我们对翻译过程有了一个新的认识：翻译是一个译者努力确保译文读者认知和谐的动态心理过程。从实践上来说，这一原则可以赋予译者更多的进行语言选择的自由，还可以给翻译教学以指导，从而促使学生不断地进行语言选择，直到感觉其译文话语能够满足意向读者的审美期待和接受能力。

第 10 章　译者主体性意识的语用透视

10.1　引言

20 世纪 70 年代，西方出现了翻译研究的“文化转向”，面向译入语文化的文化学派翻译理论，诸如多元系统论、描述翻译理论、操纵学理论等，为我们进一步认识翻译提供了全新的视角。这一研究路向不仅开拓了翻译研究的新空间，而且把翻译主体研究提上了重要日程。而译者的文化身份及其主体性问题也自然成了重要的研究课题（查明建、田雨，2003）。

在翻译过程中，译者自始至终发挥其主体性意识，这会对他选择译文语言和翻译策略产生某些影响，有时这种影响甚至是决定性的。但是很久以来，翻译研究的主要精力聚焦在源发语与目的语的对比上，“译者的作用只是在最近成为翻译研究关注的一个议题。”（Campbell，1998：3）因而，译者的主体性意识，这个翻译过程中最活跃的因素，好像在翻译界长期以来被忽视了（许钧，2003：9）。

国内在这方面的研究还处于起步阶段，国外的相关研究（Crossley，1994；Frank，1996；Robinson，2001）稍微早一点（袁莉，2002：39）。袁莉的观点告诉我们：对译者主体性意识的研究，经历了从被忽视到承认，以及最终接受并承认译者存在对原文文本操纵的一个历程。这一过程反映了译者从心甘情愿作为作者的奴隶到努力发挥自己的创造力的历程，其主体性意识变得愈来愈强。

目前，学界好像还没有给译者的主体性意识一个统一的定义；在翻译界，也没有对该课题进行系统性的研究。国内一些学者（宋志平，2000；金明，2001；袁莉，2002；许钧，2003；查明建，2003），从不同的研究视角，发表了关于译者的主体性意识的观点。

在本章，我们将译者主体意识研究引入语用学的视角，以揭示译者在翻译理解和表达原文语篇过程中表现出来的动态性。

10.2 译者主体意识研究的回顾

袁莉（1996）较早注意到：在我国大量翻译的理论研究资料中，有关翻译再创造过程中的主观因素，即译者的个性和主观能动作用问题，没有引起足够的重视。她对译者在再创造过程中的两难处境、主观性程度以及隐形身份等内容进行了分析和论证；主张翻译实践中应该注意消除翻译的主体痕迹，在翻译理论研究中不应该抹杀译者的创造功效。她（2002）还认为由于翻译研究被禁锢在文本对比和语言（信息）转换的范围内，有关翻译活动中那个最活跃的成分——翻译主体的主观能动性作用研究被完全忽视了。

关于译者的主体性意识，翻译界好像没有一个明确统一的定义。许钧（2003）认为：译者的主体意识是“译者在翻译过程中体现的一种自觉的人格意识及创造意识，是翻译的主体体现在译作中的艺术人格自觉，其核心是翻译主体的审美要求和审美创造能力”。查明健和田雨（2003）将“译者的主体性”界定为：“作为翻译主体的译者，在尊重翻译对象的前提下，为实现翻译目的而在翻译活动中表现出的主观能动性，其基本特征是翻译主体自觉的文化意识、人文品格和文化审美创造性。具体表现为：译者对作品的理解、阐释和语言层面的艺术再创造；对翻译文本的选择，翻译的文化目的、翻译策略和译本序跋中对译作预期文化效应的操作等。”屠国元、朱献珑（2003）认为，译者的主体性是：译者在受到边缘主体、外部环境及自身视域的影响制约下，为满足译入语文化需要，在翻译活动中表现出的一种主观能动性。仲伟合、周静（2006）提出：“译者的主体性是指在尊重客观翻译环境的前提下，在充分认识和理解译入语文化需求的基础上，作为翻译主体的译者在整个翻译活动中所表现出来的主观能动性，它体现了译者在语言操作、文化特质、艺术创造、美学标准及人文品格等方面的自觉意识。它具有自主性、能动性、目的性、创造性、受动性等特点。”他们在综合前人研究成果的基础上，梳理并进一步探讨了译者主体性的内涵、制约因素及其对整个翻译操作过程和译文质量的影响，阐述了译者主体性与“忠实”标准对译者的交互作用，提出了可以把翻译看作是译者发挥主体性、张扬自我，与忠实传达原作、克制自我之间来回转换的操作过程的观点，以期为译者适度发挥主体性提供借鉴，指出译者的努力方向。

从上面对有关译者主体性意识研究来看，笔者认为以往学者主要关注的是对译者主体性意识的静态研究，他们好像没有对翻译过程中译者主体意识的“介入”，以及对其语言选择的影响的思维动态性进行深入研究。在本章中，我们将试图从语用学中关联理论（参见第2章，第15～16页）及顺应理论（参见第7章，第50～51页）的研究视角，对译者如何阐释作者的信息意图和交际意图，以及如何在译文认知语境中作出语言选择的动态过程进行研究。

10.3 译者主体意识：语用透视

在本文中，译者被视为翻译过程中最积极的因素。为了论述的便利，我们把整个翻译过程分为语篇释义交际过程和语篇产出交际过程。前者指译者与作者之间的跨文化心理互动过程；后者指译者与其意向读者之间的动态顺应过程。基于关联理论和顺应理论，笔者把“译者主体性意识”的概念界定为：

> 在语篇释义交际过程中，指译者正确认知处理与作者的交际意图相匹配的最佳关联；在语篇产出交际过程中，指译者在最佳关联的引导下，有意识地以确保译文读者认知和谐的方式，从不同的心理角度，使译文选择顺应译文读者所发挥的主观能动性。它主要包括：语篇释义交际过程中，译者作为原文读者和研究者与语篇产出交际过程中，译者作为作者替身、再创造者、协商者所发挥的主观能动性，包括译者的世界观和价值观，以及他的认知和思维方式等。

在翻译过程中，译者的认知水平是由其现有的认知资源和审美素质所决定的，它会在其认知处理原文的不同语言层面上显示出来，产生的效果也会影响到整个翻译过程。笔者认为，译者的认知资源在两个方面可以产生最佳认知效果，使之得到最佳配置：其一，在语篇释义交际过程中，基于原文话语及其语境假设的认知推理，译者找到了与作者的交际意图相匹配的最佳关联；其二，在语篇产出交际过程中，译者的语言选择和翻译策略能够传达出作者的信息意图和交际意图，并顺应译文读者，确保译文读者的认知和谐（李占喜，2007：68～69）。一旦这些条件得到满足，译者与作者和译文读者之间的跨文化交际就能顺利实现。

10.3.1 译者的读者和研究者身份

在语篇释义交际过程中，译者担当了读者和研究者的角色。“文本不能被视为静态的语言标本，它实际上可以看作是译者作为读者对作者意图的有声解读，然后把这些内容再创造地传达给另一文化的读者群体的一种载体。”（Snell-Hornby，1988：2）作为原文或者译文读者中的一员，译者并非总能成功地解读出作者的交际意图。这可能是由于他的主体性意识没有得到很好发挥，究其原因有二：一方面，我们从作者的一方来看语篇释义交际过程，作者的明示刺激对于作为其潜在读者的译者来说是相关联的，是值得译者进行认知处理的，并且它们是与作者的能力和喜好相吻合的；再者，作者对明示刺激的选择不仅受其喜好的制约，还受其能力、文化素养以及他喜欢的写作方式、写作题材等多种因素的制约。另一方面，我们从译者一方来看语篇释义交际过程，由于不同认知语境的“异域性”，译者并非总能正确认知处理作者试图传达的信息意图和交际意图。一般来讲，他往往会根据与自己的喜好和能力相一致的方式去阐释作者的意图。其理解过程也会受到他的阅读偏好、阅读能力、认知思维方式的制约，并会受到他所处的译文认知语境的影响。换言之，译者往往会自动地，或者有意识地按照自己的认知思维方式阐释作者的意图，并且，他也会按照同样的方式进行译文语言选择，正如 Snell-Hornby 所说：

> 译者从原文文本所呈现的框架（文本及其语言成分）出发，在该框架的基础上，作为读者的译者，依赖他的经验水平和他对所涉及材料的内在化知识，在他的脑海中构建出一些情景。作为非母语的语言使用者，译者可能会激活其大脑中与作者意图不一致的情景，或者激活其与原语使用者脑海中相偏离的情景（这是翻译中常见的失误原因）。

由于不同时代，不同译者的读者身份各异，会对相同的原文话语作出不同的阐释。他们对作者意图的理解都会被刻上时代的烙印。除了时间因素外，译者对于原文角色的情感、他自己的人生经历、价值观念和学术素养等都会对其认知处理作者的意图产生某些影响。再者，随着时代的发展，译者也会对作者的意图有新的解读。接受美学的代表人物 Iser（1978）认为，经典作品的潜在意义并不可能被完全解读，每一次阅读所挖掘的仅仅是其潜在意义的一部分。

尽管可能会出现不同的理解，甚至是对原文话语的误读，我们仍认为需要特别关注译者的推理过程，因为在语篇释义交际过程中，它占据着十分重要的地位。而且笔者还认为：作者的交际意图应该能够被译者正确地认知并处理；译者应该按照作者的认知思维方式去阐释其意图；他的认知处理过程必须以原文话语及其语境假设为基础。

作为文学研究者，译者需要同时具有双语言能力和对原作的研究能力。译者对原作的理解内容包括作者的意图、作者与原文读者的交际风格以及与原语认知语境的相关知识。这些知识包括原作的社会历史文化背景及作者的思想、态度、信仰和价值观等。对这些内容的充分理解，是译者在跨文化交际中必不可少的素质。

(1) Lambs frisk and play, the shepherds pipe all day.

(Nashe)

a. 羊羔蹦跳嬉耍，牧童整日吹奏笛笳。

(秦希廉 译)

b. 羊儿蹦蹦跳，牧童笛声扬。

(遐思 译)

从这些译文话语中，我们看到：两位中国译者作出了相同的汉语译文选择。在语篇释义交际过程中，作者 Nashe 把他有关“牧羊人”的信息意图和交际意图传达给他的意向读者，他相信作为其潜在读者的译者能够阐释出他的两个意图，并且使这些意图与其相关联，引导他们在大脑中进行加工处理。而译者一方，他们会判断汉语读者是否也存在关于“Shepherd”的语境假设。当然，类似的语境假设在汉语认知语境中不难找到：

①牧童归去横牛背，短笛无腔信口吹。

(雷震：《村晚》)

②牧童见客拜，山果怀中落。
昼日驱牛归，前溪风雨恶。

(刘驾：《牧童》)

③借问酒家何处有，牧童遥指杏花村。

(杜牧：《清明》)

④朝牧牛，牧牛下江曲，
夜牧牛，牧牛度村谷。
荷蓑出林春雨细，芦管卧吹莎草绿。

乱插蓬蒿箭满腰，不怕猛虎欺黄犊。

（李涉：《牧童词》）

我们知道：在汉语认知语境中，牧童指“坐在牛背上，吹着悠扬笛声的儿童”。从译文（1a）、（1b）可以看出：理解“Shepherd”时，译者遵循了中国人的认知思维方式；其理解过程受到他们阅读兴趣的制约，即受到汉语“牧童”这个文化意象的影响。这表明：译者的推理过程没有按照与作者相同的思维方式运行，因为在西方认知语境中，与原文适合的语境假设是这样的：

① Come live with me and be my love,
And we will all the pleasures prove.
That hills and valleys, dale and field,
And all the craggy mountains yield.

(Marlowe: *The Passionate Shepherd to His Love*)

② If all the world and love were young,
And truth in every shepherd's tongue,
These pretty pleasures might me move,
To live with thee and be thy love.

(Raleigh: *The Nymph's Reply to the Shepherd*)

10.3.2 译者的作者替身、再创造者和协调者身份

在跨文化交际中，译者不仅充当了潜在的读者角色，而且也担当了作者替身、再创造者和协调者的角色。在语篇产出交际过程中，译者进行译文语言选择时，应该具有很强的跨文化意识，并且在与译文读者的交际中发挥了自己的主体性意识。“作为一位明示交际者，译者有责任确保他的读者能够辨认出其信息意图，在翻译中避免误解和避免其他交际障碍的责任也在于译者。”（Gutt，1991：180）他的译文话语必须能够使译文读者像原文读者那样理解原文的明示与隐含的信息。其次，他的译文能够激活译文读者大脑中的认知图式，在其大脑中引起与原文读者相同或相似的反应。

文学翻译一方面要受到作者意图的制约，但另一方面它又赋予译者艺术创造力。谢天振认为，文学翻译是一种“跨文化的创造性叛逆”（谢天振，1999：130～173）。这一概念本身很好地反映出译者的主体性意识，

也表明：译者为了达到他的某些目的，在进行译文选择有时偶尔会偏离原文话语，而当作者的信息意图和交际意图没有被同时传达出来时，情况更是如此。

因此，译者不得不跳出原文语言结构的限制，传达作者的意图。作为再创造者，他需要考虑原文的历史文化背景、题材、文体特征，以及作者对人物角色的情感和态度等，而且还要考虑译文读者的审美期待和接受能力。只有具备与作者相似的创作态度，并成功调动译文读者现有的认知资源，译者的语言选择才能够在其意向读者的心灵深处引起共鸣，而作者试图传达的意境效果才能成功实现。

翻译是一个动态的跨文化交际过程。译者处在这一过程的中央，作为协商者，在两种语言和两种认知语境之间进行协调。他需要根据原文话语及其语境假设，在他与作者之间协调出其交际意图。在最佳关联的引导下，他还需要在原文和译文认知语境中的话语构建成分之间协调出相应的译文，以确保译文读者的认知和谐。在协商的过程中，他必须把译文读者的审美期待和接受能力考虑进去。

10.3.3 译者的其他主体性意识

除了上述讨论，译者的世界观、价值观、认知思维方式和审美观念等都会对他的译文选择或者翻译策略产生某种影响。例如，在严复《天演论》的译文中，我们发现东方的哲学、历史、文学和美学思想等对他的译文产生了一定的影响。他把“evolution”、“cosmic process”、“self-constraint”、“pure person”分别译为“进化”、“天演”、“克己”、“清净之理”。这些承载着传统中国文化内涵的汉语译文明显带有中国儒学文化的痕迹。再者，严复把西方典故译为中方典故，甚至还对原文话语内容做了一些增减。他的真实目的是：把英国的社会科学观点译介到汉语认知语境中去，希望能够对当时的清朝统治者产生影响，以促使他们实行社会变革，富国强兵。

应该指出的是，译者的主体性意识不应该被随心所欲地发挥，因为翻译规范会起到相应的制约作用。翻译规范是“在具体的社会文化语境下翻译行为的常规”（Toury，1978），为原语及译文认知语境中的认知资源提供常规性的条件。如果译者认知处理作者的交际意图符合原文话语的常规（即反映原语认知语境的规范），那么他与作者之间的跨文化心理互动就会成功实现。同理，当译者的译文选择与译文认知语境中所盛行的规范相一致时，译者就会较容易地满足译文读者的认知和谐，与译文读者进行交际。

但这并不意味着译者与译文读者之间的交际一定会顺利实现。在译文选择过程中，遇到跨文化差异时，译者不得不在作者和译文读者之间进行协商，然后采用翻译策略作出某种变通，传达出作者的交际意图。特别是在受到政治规约、意识形态、审美观念的干涉时，译者迫不得已以牺牲作者的信息意图为代价进行语言选择；或者操纵性改变作者的信息意图，以迎合译文认知语境中占主流的方面。如果他故意改变作者的信息意图，那么他会因为没有忠实于原文话语，在良心深处感到不安。如果他坚持传达作者的信息意图，而该意图为译文认知语境中占统治地位的意识形态所抵触，那么他的译文就会被当局禁止。所以译者有责任使用不同的翻译策略，来降低译文读者在意识形态方面的冲突。

那么，译者应该如何发挥他的主体性意识呢？译者客观、不偏不倚的翻译态度对其译文选择具有重要作用。在翻译过程中，译者客观再现了原文最基本的一点，这一点牵涉两个经常有联系的翻译素质：其一，对于冲突性的意识形态、对立的宗教信仰或者其他社会政治偏见，保持中立的态度；其二，不介入译者自己的情感和因之产生的任何偏见（申丹，1995：128）。

（2）《水浒传》

（施耐庵、罗贯中：《水浒传》）

a. Water Margin

b. Heroes of the Marsh

c. The Saga of Number 108

d. All Men Are Brothers

e. Outlaws of the Marsh

f. The Rebels in Water Margin

（包惠南、包昂，2004：123）

《水浒传》是一部描述宋朝一百单八将起义的小说。这6个不同的译文话语反映出英语语言的变异性。（2a）表明译者对农民起义持有中立的态度，没有介入自己的情感，这是翻译过程中所需要的译者态度。（2b）和（2c）说明译者的译文选择对农民起义持有褒扬的态度，这可能是因为他憎恨统治者，赞成被压迫者进行反抗活动。（2d）显示出译者对108位英雄的亲近意识。（2e）和（2f）透视出译者的译文选择具有贬义色彩，这也许是由译者支持统治阶级，歧视被压迫者的立场决定的。

从分析中，我们可以看出，英语语言的协商性能够使译者以高度灵活的方式作出语言选择，并且他的世界观和价值观对他最终的译文话语起着重要的作用。译文语言的顺应性使译者能够在一系列变异性的可能选择范围内，在各自不同立场的驱使下，作出协商性的语言选择，以确保跨文化交际的顺利实现。

10.4 结语

本章从关联理论和顺应理论的语用学视角出发，给译者的主体性意识赋予了新的语用含义，并对翻译过程中译者的主体性意识进行了语用探讨。笔者认为：在语篇释义交际过程中，基于原文话语及其语境假设的认知推理，译者找到了与作者的交际意图相匹配的最佳关联；在语篇产出交际过程中，在顺应译文读者时，译者的语言选择和翻译策略能够确保译文读者的认知和谐，传达出作者的信息意图和交际意图，这样译者的认知资源便得到了最佳配置并产生了最佳认知效果。

在翻译过程中，译者客观、不偏不倚的翻译态度将会对其译文选择具有重要作用。译者的读者和研究者身份的介入，使其调动现有的认知资源，解读出与作者的交际意图相匹配的最佳关联；译者的作者替身、再创造者、协调者身份以及译者的世界观、价值观、认知思维方式、审美观念等的介入，使其在最佳关联的引导下进行语言选择，以确保译文读者的认知和谐，达到跨文化交际的成功实现。

第11章　翻译教学中学生主体身份的语用透析

11.1　引言

翻译教学是一个复杂的跨文化交际过程，它涉及教师、学生、作者和译文读者四者之间的互动关系。其中，教师在翻译教学中起着核心的指导作用。学生在翻译教学实践中处于主体地位。理解原文和用译文语言传达作者试图表达的意义的翻译活动离不开学生的主观能动性。学生的主体性意识一直贯穿于翻译教学过程的始终。学生在翻译教学中充当什么样的角色、具有什么样的身份，这些无疑关系到他们对原文的理解与传达。对学生主体身份的探讨，可以促使学生更好地传达原作的信息，这必然会对翻译教学活动产生积极的影响。

就我们接触到的文献而言，翻译界对这方面的研究好像涉及得很少，也没有学者从语用学的角度对其进行研究。在本章，我们将从语用学的视角对学生的多重主体身份进行探讨，以求教于学界同仁。

11.2　相关研究回顾

国内翻译界越来越多的学者从不同视角对翻译教学进行了研究。穆雷（1999）总结了中国翻译教学的百年历史，通过调查了解了全国主要外语院系的翻译教学情况，梳理了国内外有关翻译教学的研究成果，密切关注了国内外翻译教学的发展和翻译教学的研究动态，并从翻译教学在中国的起源、演变、发展及未来设计；从目前国内翻译教学的类型、课型、课时、教材、教法和教师等各方面的情况及其与港台地区和国外一些大学翻译教学情况的对比研究两个方面，描述了中国翻译教学的历史和现状。罗选民（2000）从近20年的翻译教材入手，就我国翻译教学与翻译理论研究提出了一些值得思考的问题。他指出中国的翻译理论研究缺乏科学的体系、哲学的思辨和理论的可操作性，主张从译史、译技、译道和译艺四个方面加强翻译理论研究。他讨论和区分了“翻译教学”和“大学翻译教学”两个概念（2002），并提出了中国翻译教学存在的问题及解决办法。该研究为中国学者的翻译教学探索理清了思路、指明了方向。杨自俭（2006）认为翻译教学是个复杂的系统，除了师生这两个系统之外，主要还包括教材、教法与评估三个系统，教材系统的复杂性在于它的多学科性，知识、理论、技巧三位一体的系统性，以及它的目标和师生实际相适应的科学性。

陈宏薇（1995）从 Grice 的“合作原则”和 Leech 的“礼貌原则”出发探讨了翻译教学中对原文语用意义的解读与翻译的问题，她认为：语用意义翻译的成功与否是检验译文质量的关键之一；培养学生的语用意识对翻译教学至关重要。赵湘（2002）也探讨了这两大语用原则对翻译教学的理论指导与启示：教学中，既要提高学生的语言能力，也要提高学生的交际能力；既要教授语言本身的知识，也要教授语用知识。

综观前人的翻译教学研究，笔者认为绝大多数学者的研究聚焦于从不同的理论视角对与翻译教学有关的教学目标、教学方法、翻译教材的编写、翻译课程设置、翻译人才培养模式、翻译学科建设等进行较为系统、全面、客观、静态的描述与总结。而结合某一理论具体、深入、系统地探讨翻译教学中学生的理解和表达动态的交互过程的学术论文则很少看到，好像没有学者对翻译教学中学生主体身份进行研究。

本章将从语用学关联理论（参见第 2 章，第 15 ~ 16 页）和顺应理论（参见第 7 章，第 50 ~ 51 页）的角度，对学生在翻译教学中的主体身份进行尝试性的探讨。

11.3　学生主体身份：语用透析

下面，我们根据关联理论和顺应理论来探讨学生的多重主体身份在翻译教学过程中是如何参与到作者和译文读者之间的跨文化交际活动的。

11.3.1　教师：学生主体身份的调动者

在翻译教学的整个活动中，教师始终处于向学生传达翻译理论和翻译技巧的核心地位。一方面，教师应该指导学生分析原文话语语言的词汇信息和逻辑信息，以便使其正确认知处理作者的明示内容；另一方面，教师有责任为学生提供原文话语所承载的百科信息或者语言外信息，这样可以使学生更好地认知处理与作者的交际意图相匹配的最佳关联。除此之外，教师还要从原文话语的主题思想、语言风格和作者口吻等多方面指导学生在其大脑中构建原文的宏观语境。教师要努力教会学生如何在原文话语的基础上作出语境假设，正确解读作者试图传达的最佳关联假设，体味出原文话语试图在原文读者身上产生的语境效果。教师更要教会学生如何跳出原文话语结构，调动其现有的认知资源，根据译文语言的习惯和思维方式，对作者的信息意图和交际意图重新进行排列组合，以便使译文语言字从句顺，行文流畅。只有这样，教师才能充分调动学生的积极性，以读者和研究者的身份理解原文话语，以译文作者、再创造者和协调者的身份去再现原文话语。

11.3.2 学生：主体身份的动态参与

11.3.2.1 学生的读者和研究者身份

学生作为读者，在与原文作者进行跨文化对话的过程中，对原文作者明晰传达的信息意图和交际意图、明示意义和隐含意义，都必须解读清楚。这需要学生作出语境假设，寻找关联，按照作者的意向去理解。根据原文的交际线索，把握作品的艺术特色和语言风格。除此之外，对原文认知语境中的社会、历史、文化，乃至风土人情等，学生都必须了解和把握。因为这些是构成作品宏观语境的重要组成部分。

作为研究者，学生不仅应该具有很强的英汉双语能力，而且还必须对原文作者及其作品进行研究。学生对原作的理解和把握既包括对原文作者传达的信息意图和交际意图的把握，也包括对原文作者和原语读者之间的交际方式（风格）、作者的口吻以及原作文字以外相关认知语境知识的把握，这是优秀的译者必须具备的审美素质。

(1) "I'll teach you how to kiss a girl!"
"No," said Sute, "I've graduated."

a. "我来教你怎么同姑娘亲吻！"
"不，"舒特说，"我已毕业了。"

b. "我来教你怎么同姑娘亲吻！"
"不用你教，"舒特说，"我早出师了。"

c. "不用，"舒特说，"我早是老手啦。"（笔者译）

（郑达华，1999：19~21）

该例的宏观语境是，当男青年阿瑟看到自己的女友被舒特抱着要强吻的时候，立即冲上去，以充满敌意和威胁的口气进行劝阻。学生在理解原文话语时，会在与作者的跨文化对话中，作出语境假设，即“我已经在怎样亲吻女孩方面毕业了，有的是这方面的经验，用不着你来教我！”照此进行推理，译者很容易找到最佳关联：舒特油腔滑调，玩世不恭。

在最佳关联的引导下，学生的语言选择（1a）：“不，我已经毕业了”会使汉语读者感到译文不自然，有些生硬，不能很好地切合原文语境，甚至会使汉语读者有些莫名其妙，产生误解。译者使用（1b）与汉语读者进行交际，在译文读者的审美期待上，作出了较好的顺应：“出师”二字一出口，比较忠实地再现了Sute的流里流气的语调。（1c）在顺应汉语读者时，传达出了Sute油腔滑调的口吻和玩世不恭的生活态度，可能会在汉语读者的心理上再现出原文试图在英美读者身上产生的意境效果（poetic effects）。

11.3.2.2 学生的译文作者、再创造者及协调者身份

学生不仅是原作的读者和研究者，而且还是原作生命的外延形式——译文作者。学生应该有意识地在目的语认知语境中进行语言选择，以确保他所采用的翻译策略能够像原文作者那样，把作品中的明示意义和隐含意义明晰地传达给译文读者。通过他的译文，读者能够像原文读者那样理解原作的明示意义和隐含意义。他的译文必须能够激活译文读者大脑中的认知图式，在他们身上产生的反应与原文在原文读者身上产生的反应相似或者相同。

文学翻译既受原文作者意图的束缚，又赋予学生在语篇重构过程中的创造性。学生须跳出原文话语语言层面的束缚，在译文认知语境中有意识地进行语言选择，传达出原文作者的信息意图和交际意图。只有当学生既能够尽量保持与原文作者同样的心态，又能够结合本民族的认知语境对作者的意图和交际线索进行再创造时，才能在宏观的文化层面上，使英美读者与汉语读者达到心灵上的契合与共鸣。

翻译教学是一个动态的跨文化交际过程。学生解读出原文作者传达的明示意义和隐含意义，找到了最佳关联，然后在最佳关联的引导下，在译文认知语境中进行语言选择，寻求一种译文读者可以接受的表达手段。最终的语言选择必须遵循以译文读者为中心的认知和谐的原则（李占喜，2007：69）。学生站在这个动态交际过程的中央，在原文作者和译文读者之间起着协调者的作用（Hatim & Mason，1990），他要在两种认知语境中为双方协调出作者试图传达的最佳关联。在协调的过程中，学生必须充分考虑译文读者的阅读视野和接受能力。

（2）He said he was beaten by a group of teenagers who broke into his department and stole “my money, my electric fan, my radio, everything they wanted.”

a. 他说被一群年轻人殴打了，并且抢走了他的钱，电风扇，录音机等所有他们想要的东西。

（学生 译）

b. 他说他被一群少年打了，他们闯进他的公寓，偷走了“我的钱，我的电风扇，我的收音机，所有他们想要的东西”。

（学生 译）

c. 他说，他让一帮青少年打了一顿，他们闯进他的住所，抄走了他的钱、电扇、收音机，反正是想拿什么就拿什么。

（张经浩 译）

从学生的译文（2a）和（2b）中可以看出，由于学生的读者和研究者主体身份的参与，他们不用花费太多的推导努力，在原文话语及其语境假设的基础上，通过与作者的心理对话，便可以找到最佳关联：作者通过他的话语表达了心中无比愤慨之情。在该最佳关联的引导下，学生作为译文作者、再创造者和协调者，他们必须把作者的愤慨之情用汉语语言充分地表达出来。另外，原文话语使用了间接引语和直接引语的交际线索，前者是作者对被打情景的事后转述，而后者是作者对当时被打情景历历在目的现场描述。（2a）传达出了作者的信息意图，但没有传达好作者表达愤慨之情的口吻和语气。（2b）使用的直接性语用翻译策略（Gutt，1991），把原文的交际线索从语言形式上传达了出来，但遗憾的是，汉语读者在阅读这一译文话语时，会感到困惑，因为他们很难分辨“他”和“我”是否是同一个人，更难使读者在其大脑中构建出原文意义自然连贯的宏观语境。我们对学生的译文评价为：尽管他们较好地认知处理了作者的意图，但由于没有跳出原文话语语言结构的束缚，其译文选择只能是释义相似于作者的信息意图。张经浩先生的译文选择（2c）在顺应汉语读者的过程中，确保了跨文化交际，因为汉字“闯进、抄走、想拿什么就拿什么”把作者的愤慨之情淋漓尽致地表达了出来。

11.4 结语

本章在关联理论和顺应理论的框架内对学生的多重身份进行了语用分析透视。我们认为在翻译教学过程中，在传授翻译理论和翻译技巧时，要指导学生正确认知处理作者的信息意图和交际意图，从而使其能在进行译文语言选择时，传达最佳关联假设。在调动学生现有的认知资源并使其多重主体身份得到有效发挥等方面，教师起着核心的作用。学生与作者进行跨文化心理对话时，必须以读者和研究者的身份，在原文话语明示的基础上，结合语境假设，认知处理出与作者的交际意图相匹配的最佳关联，即抓住作者试图传达给原文读者的语境效果。学生在与译文读者进行跨文化交际时，应该以作者、再创造者和协调者的身份，发挥自己的主体意识，在最佳关联的引导下，在译文认知语境中不断地进行语言选择，尽可能忠实地传达出作者的信息意图和交际意图。只有这样，在教师指导下的学生与作者和译文读者之间的跨文化交际才可能顺利实现。

第 12 章 英语广告汉译过程的语用透析

12.1 引言

广告是为了某种特定的需要，通过一定形式的媒体，公开而广泛地向公众传递产品信息的宣传手段。广告具有各种各样的功能，诸如报道产品信息、唤起消费者的购物需求、说服并促使消费者采取购买行动等。为了达到说服消费者购买某种商品的目的，广告商会在选择标题方面浓缩广告的核心思想，其主要作用是用来吸引消费者的注意，点出广告的主旨，在消费者的心理上产生即时效果，激发消费者购买欲望。出色的广告具备诱导性、独特性、针对性等特点（方梦之、毛忠明，2006：232）。

以往绝大多数学者对广告翻译进行的研究都是静态的。在本章，我们将以关联理论和顺应理论作为理据，并结合语用等效观点，来探讨译者在阐释广告中的最佳关联和他在译文认知语境中进行语言选择传达广告商的意图时，其思维运作的动态过程。

12.2 广告翻译研究回顾

国内学者从不同的理论视角对广告翻译进行了研究。吴钟明、邱进（2004）将互文性的概念应用于广告翻译中，通过分析其中的互文性现象探讨了互文性在广告翻译中的运作机制及应用价值，并指出互文性概念开拓了广告翻译的新思路，为广告翻译提供了新的方法。贺学耘、谭晓丽（2007）认为：广告翻译应该将再现原文的语用功能放在首位，能同时再现原文形式美和语用功能的译文是忠实程度最高的译文；不能同时再现原文形式美和语用功能时，可以选择转换原文的形式美来再现其语用功能；而在原文中的句法和修辞美很难通过译文表现出来的时候，可以直接用简白的译文形式再现其语用功能。李国庆（2008）从文化语境层面对英语广告押头韵的翻译策略进行了讨论，并提出假设：由于两种语言的差异，英文广告押头韵可以用汉语四字词语或对偶等修辞手段进行翻译，以弥补翻译过程中押头韵修辞美感的剥损。他认为：由于广告独特的题材目的和社会目的，译文的标准应该放在文化语境层面上，只要能获得在此层面的对等，具有同样强度的语境效果，就是好译文。

以上学者以不同理据对广告翻译进行了静态研究，对其翻译策略进行了归纳总结。笔者认为，他们的研究似乎忽视了广告翻译中的动态性问题，即译者在翻译过程中是如何认知处理广告商的信息意图和交际意图，又是如何做出语言选择以顺应目的语潜在消费者的心理期待的。换言之，他们忽视了促使译者进行有意识的语言选择，以成功地与译文读者进行交际的心理动机这一问题。

在本研究中，我们试图从语用学的关联理论、关联翻译理论（参见第2章，第15~16页）和顺应理论（参见第7章，第50~51页）及语用等效观点，寻求理论依据，对译者汉译英语广告时思维运作的动态过程进行探讨。

何自然（1992）提出的“语用等效”观点认为，语用翻译可以通过两种语言的对比，分别研究语用语言等效和社交语用等效的问题。在翻译中的语用语言对比方面，力求翻译中的语用语言等效，必须注意原著的“语用用意”，从原著的角度看原文在语境中的含义，并注意选择合适的译文语言形式将原作隐含在各类指示词语中的意向或语用用意清楚地表达出来。在翻译中的社交语用对比方面，要达到社交语用等效，译者就要从社会与文化交际的角度去考察语言的使用。何自然先生的语用等效观点可以为译者的最佳语言选择标准提供一个参照。

12.3　广告翻译的语用透析

根据以上语用学理论的回顾和对所搜集的英语广告语料的分析，笔者提出了“基于语用等效广告翻译的语用视角”的语用观：

> 在翻译的过程中，译者要在原广告语明示的基础上，作出语境假设，寻找关联，阐释出与广告商的交际意图相匹配的最佳关联。然后在最佳关联的引导下，译者在译文认知语境中进行语言选择时要努力做到使广告商的意图与目的语潜在消费者的心理期盼相吻合。
>
> 为达此目的，译者负有双重推理的责任。首先，译者必须能够认知处理出广告商的意图，即他试图传达给消费者的语境假设；其次，

他还必须了解译文读者的认知语境，即广告商试图传达给原文消费者的语境假设在译文认知语境中是否存在。如果存在，从中调出所需要的语境假设是否十分费力，推导努力和语境效果是否相称。再次，在具体的译文语言选择过程中，就语用语言对比方面而言，译者的译文选择要尽可能地传达出广告商的信息意图和交际意图；最后，在社交语用对比方面，要达到社交语用等效，他的译文选择必须把译文认知语境中的社会、文化因素考虑进去，这些因素会对译者的翻译策略产生直接甚至决定性的影响。

译者在进行译文选择传达广告商的信息意图和交际意图时，应该力争达到语用等效，传达出原文广告试图传达的意境效果（poetic effects）（Sperber & Wilson，1986）。也就是说，使广告译文话语在目的语潜在消费者的大脑中，激起一系列弱隐含过程中达到最佳关联时产生的认知效果。

下面，我们把英语广告的汉译分为非文化意象英语广告汉译和文化意象英语广告汉译两部分，并以此来讨论翻译过程中译者是如何阐释广告商的信息意图和交际意图，及如何进行汉语语言选择以传达出广告试图在中国消费者身上达到的意境效果的。

12.3.1 非文化意象英语广告汉译

对于非文化意象英语广告语的汉译，译者在翻译时首先要尽可能地传达出广告商的信息意图和交际意图；其次要调动广告语言之外的语用信息让汉语读者体味到广告所传达的意境效果；再次利用汉语语言的互文性百科信息增强中国潜在消费者解读广告时所产生的认知效果。

（1）The pen is mightier than the sword.
—The pen is Parker.

a. 笔杆之威，猛于刀剑。
b. 笔杆利于刀剑，派克力扫千军。

Parker 牌钢笔是笔类产业中的名牌产品。在阐释这则广告时，译者与广告商进行跨文化的心理对话，不需要付出太多的推导努力，就能断定广告商试图传达给英语读者的语境假设在汉语认知语境中是存在的，不难找出与其交际意图相匹配的最佳关联：Parker 牌钢笔质量上乘，具有不战而屈人之兵的功效。然后，在最佳关联的引导下，译者在汉语认知语境话语构建成分的句子层面进行语言选择。从语用语言等效的角度看，（1a）传达出了原文的最大关联，但不能传达出 Parker 笔的神奇功力。（1b）“笔杆利于刀剑”准确地再现了英语语言对 Parker 笔的宣传力度。从社交语用等效的角度来看，（1b）优于（1a），（1b）传达出了广告商利用名人效应推销商品的说服效果，因为“派克力扫千军”传达出了原文在当时社会、历史背景方面的百科信息（广告画面传达的一个语境假设）：戈尔巴乔夫与里根在冰岛签订削减战略核武器条约，签字时使用的是 Parker 牌钢笔。这说明广告商利用重大历史事件宣传该笔质量上乘的交际意图对译者的语言选择产生了决定性影响，译文因而在中国潜在消费者的心理产生了相应的意境效果。事实上，削减战略核武器条约的签订，并非是 Parker 笔的神力，而是两个超级大国在政治、军事和外交等方面长期激烈博弈的结果。中国读者看到这则广告，心里所产生的认知效果恐怕只是：这种笔的质量一定很好，要不然苏美两国的首脑人物怎么会偏爱用 Parker 笔来签字呢？

（2）For the road ahead

a. 为了前面的路
b. 为了您生活的康庄大道

这是一则有关日本本田汽车的广告话语。译者不难解读出与广告商的交际意图相匹配的最佳关联：一旦拥有了性能良好、质量上乘的本田车，您的生活就会奔向光明的大道。这一寻找最佳关联的结果是译者在广告商话语明示的基础上，结合原文的词汇信息、逻辑信息和“本田车声誉闻名遐迩”的百科信息得到的。在这一最佳关联的引导下，译者在汉语认知语境话语构建成分的短语层面进行语言选择。从语用语言等效的角度看，（2a）采用直接性语用翻译策略，释义相似于广告商的信息意图；（2b）采用间接性语用翻译策略，释义相似于广告商的信息意图和交际意图，译者的译文选择在顺应中国消费者的同时，还把汉语认知语境中的社会文化因素考虑进去。“康庄大道”承载着具有中国特色的百科信息：“康庄：宽阔，四通八达。康庄大道，宽阔平坦，四通八达的道路，比喻光明的前途，《尔雅》中有‘五达谓之康，六达谓之庄’。清朝李宝嘉《官场现形记》第六十回：‘我梦里所到的地方，竟是一片康庄大道，马来车往，络绎不绝。’”（刘万国、侯文富，2002：673）“康”字本身是一个吉利的汉字，用作形容词有“安乐、安定、健康、太平、丰足、富裕”等积极的语用含义。“奔小康”更是我们中华民族正在追求的一个近期目标。我们认为，(2b)可以更好地传达原文的意境效果：拥有了本田汽车，您的生活和事业便行驶在通往美好前景的康庄大道上。

(3) I'll do a lot for love, but I'm not ready to die for it.

情爱诚销魂，生命价更高！

这是一则成功推销避孕套的广告。它的成功之处在于抓住了人们恐惧艾滋病的心理，含蓄地表达了广告的主题思想，真可谓“雅俗共赏”。译者不用花费太多的推导努力便可以找到原文话语传达的最佳关联：这种避孕套可以助您安全享受情爱之乐。在这一最佳关联的引导下，译者套用了在中国耳熟能详的匈牙利诗人裴多菲的诗句“生命诚可贵，爱情价更高”，并对其进行了变异性的处理，译得既情调高雅，又度量适中。这说明译者的语言选择在顺应中国潜在消费者的过程中，既考虑了使用名言警句的互文性百科信息，让汉语读者体味到了其中的美好，又对不良的性行为提出了善意的忠告。

12.3.2 文化意象英语广告汉译

广告商有时会利用广告语言中的文化意象所蕴含的独特魅力，激活消费者大脑中的相关认知图式，在其心中产生美好的联想，从而激发他们的购买欲。在解读这些广告时，其明示话语所承载的百科信息会给译者提供丰富的语境假设，并产生相应的语境效果。译者应努力以译文语言的感染力激发目的语潜在消费者的购买欲望。

(4) All work and no play.

连续运转，永不言歇。

这是一则 Timken Roller Bearing Co. 推销其轴承产品的广告。译者结合该产品经久耐用的良好性能、原文话语的词汇信息，以及该广告所承载的文化意象“All work and no play makes Jack a dull boy”所蕴含的逻辑性信息和百科信息，不用付出太多的推导努力，就可以找到与该广告交际意图相匹配的最佳关联：该轴承产品性能优良，十分耐用。在该最佳关联的引导下，译者不难判断此广告传达的语境假设“只工作不休息的轴承产品”在汉语语境中是存在的。但要在汉语认知语境话语构建成分的句子层面，同样使用谚语语言风格的汉语来传达广告商的信息意图和交际意图，却不是一件容易的事，因为汉语中没有相类似的谚语。译者采用直接性语用翻译策略，较好地向汉语消费者宣传了该产品耐用的优点。

(5) Ask for more.

多多益善，我要多多。

这则香烟广告利用 Dickens 的作品《雾都孤儿》中 Oliver 在孤儿院向管家讨粥的典故“Ask for more”，来宣传自己的产品，促使消费者去购买。该广告语言中的“more”与香烟牌名“More”具有音义双关的修辞效果：发音相同，愿望相同（想多抽支“More”牌香烟）。译者不难解读出与广告商的交际意图相匹配的最佳关联：促使消费者去购买 More 牌香烟。在该最佳关联的引导下，译者可以判断出“ask for more”传达的语境假设在汉语认知语境中是存在的，从中调出这些语境假设不会花费译者太多的推导努力。译者使用直接性语用翻译策略，以汉语成语“多多益善”传达原文中的文化意象，这样在汉语读者的心理上产生了较好的语境效果。因为在汉语认知语境中，“多多益善”的意思是越多越好，不厌其多。这一成语承载着十分丰富的百科信息，《史记·淮阴侯传》：“上问曰：‘如我能将几何?’信曰：‘陛下不过能将十万。’上曰：‘于君如何?’曰：‘臣多多而益善耳。’上笑曰：‘多多益善，何为我禽?’信曰：‘陛下不能将兵，而善将将，此乃信之所以为陛下禽也。’”（刘万国、侯文富，2002：297）。汉语消费者读到“多多益善”的广告宣传，在其大脑中加工处理这则汉高祖刘邦和大将韩信的历史典故时，便会在其心理上产生丰富的意境效果，从而唤起其购买欲，去消费该香烟产品。译文“多多益善，我要多多”释义相似于广告商的信息意图和交际意图。

(6) Not all cars are created equal.

并非所有的车都有相同的品质。

三菱汽车在世界上闻名遐迩，其广告的作用功不可没。例（6）这则广告套用了美国《独立宣言》中的第一句：“All men are created equal.”（人人生而平等），将原句的 men 改为 cars 突显了广告诉求的目标，巧妙地道出所推销汽车的优越性能，以此隐喻三菱汽车比其他品牌的汽车的质量要好。译者在阐释这一最佳关联时，不难在自己的大脑中提取这句话所承载的百科信息：当时作为大英帝国殖民地的美利坚民族为了摆脱殖民枷锁，争取民族独立，争取人人生而平等。译者在最佳关联的引导下，对原文语言稍作变动，在购车消费者的心理上产生的认知效果是：三菱车性能优越，没有哪款车可以与之匹敌，这样就较好地宣传了车的优越性能，吸引了大量消费者前来购买，在美国成功地打开了销路。

三菱汽车公司在向中国进行产品宣传时，使用了变异性的广告词“古有千里马，今有三菱车”，收到了很好的广告效果。因为在汉语读者的脑海里呈现出三菱汽车在道路上风驰电掣般奔驰的美好画面。另外还有一层语用隐含，中国的消费者是“伯乐”，具有鉴别“三菱”车这匹千里马的能力。这则广告因此而产生的意境效果将会激发中国消费者的购买欲，赢得众多的消费者。这种针对不同国家不同构思的广告无疑会给产品带来极大的经济效益。

12.4 结语

本章在关联理论和顺应理论的框架内，探讨了译者进行英语广告汉译时思维运作的动态过程，揭示了译者如何阐释与广告商的交际意图相匹配的最佳关联和如何在译文认知语境中进行语言选择传达广告商的意图。我们认为，在翻译的过程中，译者要在原文广告话语明示的基础上，作出语境假设，寻找关联，正确认知处理与广告商的交际意图相匹配的最佳关联；然后，在该最佳关联的引导下，在译文认知语境中进行语言选择传达广告商的意图。译者的责任是努力做到使他的意图与目的语潜在消费者的心理期盼相吻合，力争达到语用等效，传达出原文广告试图表达的意境效果，在消费者心理上激发购买欲的语境效果，从而实施广告语言的说服功能。

在具体的翻译过程中，就翻译策略而言，对于英语广告语中非文化意象的汉译，译者在尽可能传达出广告商的信息意图和交际意图的同时，还需要调动广告语言之外的百科信息让汉语读者体味到广告试图传达的意境效果。对于英语广告文化意象的汉译，译者在翻译时应该以译文语言的感染力激发目的语潜在消费者的购买欲望。只有这样，译者与广告商和译文潜在消费者之间的跨文化交际才能够顺利实现。

第六部分

『语用学分相论』视角

第13章　从“合作原则”视角透析大学生幽默话语翻译

13.1　引言

幽默是一个热门的话题。幽默到底是什么，学术界并没有明确一致的解释。幽默来源于生活，是一种经过艺术加工的语言形式，是艺术化的语言。幽默也是一种艺术方法，创造出以笑为艺术手段的文学艺术作品。更重要的是，幽默是人类智慧的结晶，它不仅能使人们开心一笑，而且能改善人际关系，是人们日常交往建立和谐人际关系的润滑剂。随着国际交往日益频繁，幽默翻译越来越受到翻译理论家和译者的关注。由于受语言和文化差异的制约，理解和翻译幽默是一件很头痛的事情。译者如何传达幽默话语产生的语境效果以达成跨文化交际，是一个很值得探讨的问题。作为一个优秀的青年团体，大学生喜欢杜撰新词，使用时髦词语达到幽默效果，其日常话语幽默风趣，别具一格。如何选择合适的语用翻译策略再现大学生的幽默话语的言外之意，是一个有意义的研究课题。

在本章中，我们搜集到一些大学生的幽默话语，把它们翻译成英文或者汉语，并从 Grice 的合作原则视角出发，探讨译者如何作出译文语言选择，再现说话人试图传达的幽默语境效果。

13.2　幽默翻译研究回顾

幽默研究的三大源远流长的理论流派，即社会行为角度的优越/蔑视论、心理分析角度的释放论和心理认知角度的乖讹论。这三种理论是国外幽默研究的基本理论。当代很多关于幽默的研究方法，其出发点都跟这三大理论有密切联系。近年来，很多学者从语言学的角度出发，在幽默研究领域取得了新的突出成绩，如“语义脚本理论”和“言语幽默的一般理论”等，在当代幽默研究中占据了重要地位。近年来，随着语言学基础理论的兴起、发展和壮大，尤其是语用学的逐渐成熟，学者们对幽默的研究有了更宽的视野和更新的角度，并逐渐开始去探索幽默的生成机制。

在幽默翻译研究方面，国内学者进行了一些有意义的尝试。范晓惠、宋志华通过对电影《亚瑟王》中中英配音幽默语句的翻译策略研究，认为译者主体性主要受译者的主体意识性、受众倾向性、原文情感顺从性等方面的制约；在影视翻译过程中，译者或多或少地改变了影视作品中的一些价值取向，这些价值取向是译者自身文化价值取向、译入语观众文化价值取向以及原影视作品构建的文化价值基础相互交融的结果。戈玲玲以钱钟书的小说《围城》的英译本为语料，运用语言幽默概论的理论框架，建立起原文和译文对照的双语平行语料库，探讨了幽默文本中源概念对幽默生成和理解的影响及其本源概念的翻译模式。李庆杰、姜海燕基于意象图式理论，对美国情景喜剧《老友记》中的幽默进行了研究。针对其中的普遍幽默、文化幽默和语言幽默，发现译者在翻译时分别采取了意象传递、意象转换和意象再造的翻译策略，以达到激活原语观众和译文读者相似的意象图式效果，研究者也强调译者在处理幽默翻译时应该注意对相关意象图式的激活，并指出这一点应作为衡量翻译作品成功与否的标准之一。

回顾幽默翻译研究，笔者发现国内外探讨大学生日常生活中的幽默话语翻译研究的学术论文很少。在本章中，我们从 Grice 合作原则的角度，探讨译者如何在译文话语中保留因说话人违反会话准则所产生的会话含义，从而让译文读者发挥其认知推导努力，体味出原文的幽默语境效果，以成功实现跨文化交际活动。

13.3 研究理据：合作原则

会话含义理论是 Grice（1975）在区分话语自然意义和非自然意义的基础上提出来的。它是理解自然语言的一种学说。该理论提出：言语交际双方都有相互合作、求得交际成功的愿望。为此，人们需要遵守一些诸如真实、充分、关联、清楚等原则和准则，即所谓的“合作原则”。合作原则包括以下四个准则：

（1）质的准则：

a. 不要说自知是虚假的话；

b. 不要说缺乏足够证据的话。

（2）量的准则：

a. 所说的话应包含交谈目的所需要的信息；

b. 所说的话不应包含超出需要的信息。

（3）关系准则：要有关联。

（4）方式准则：要清楚明白。

a. 避免晦涩；

b. 避免歧义；

c. 简练；

d. 井井有条。

如果在言语交际中说话人一方的话语，表面上违反了合作原则，那么，他可能是故意这样做的。当这种情况发生时，听话人一方就要根据当时的语境，推断出说话人表面违反合作原则的目的，也就是要明白他表面违反合作原则的隐含意义。Grice 把这种在言语交际中推导出来的隐含意义称作"会话含义"。Grice 设想，如果根据他提出的"合作原则"中的各项准则进行语用推理，人们就可以推理出说话人在话语中有意超越字面意义的隐含意义。Grice 这个理论引起了语用学界的兴趣，并最终成为当今语用学研究的基础（何自然，2003）。根据合作原则，我们认为：

> 在翻译幽默话语时，首先要根据具体的语境或者语用前提，推理出其试图传达的言外之意、弦外之音，然后在译文认知语境中进行语言选择，采用合适的语用翻译策略，传达出说话人的隐含意义。在质的原则方面，译文语言选择应该保留原文自知是虚假的或者缺乏证据的话语所隐含的语义空白，留给译文读者发挥自己的推理能力去认知处理其中的隐含意义。在量的原则方面，译文话语应该包含原文说话人交谈时所需要的信息，不应该超出信息需要范围。在关系准则方面，译文话语应该与原文话语相关联。在方式准则方面，译者应该保留原文话语的措辞和行文方式。总之，译者应该保留原文的交际线索（Gutt，1991），尽最大的努力在译文话语中保留原文幽默话语的言外之意所产生的语境效果。

13.4 大学生幽默话语翻译透析

在这一部分，我们把搜集到的大学生幽默话语翻译成英文或者汉语，从笔者切身的翻译实践角度来验证译者是如何根据合作原则理论，正确充分地传达出说话人的幽默语言的语境效果的。在原文话语理解过程中，我们要分析听话人如何理解大学生说话人的会话含义，看他如何通过违反合作原则中的某些准则，来产出幽默话语。在译文话语表达过程中，我们采用直接性语用翻译策略，把说话人违反合作原则的情况隐含在译文话语的字里行间，让译文读者根据译文语境，推断出原文说话人的话语隐含义。

13.4.1 质的准则的违反

在日常交际中，如果大学生交际双方提供的是自知是虚假的话，或者是缺乏证据的话，往往会让听话人推理出其中的隐含意义。在翻译时，译者也应该在译文语言中再现违反了质的准则的原文话语，相信作为具有主观能动性的译文读者会利用译文的语言语境，去作出语境假设，寻找关联，推理出其中的会话含义。

(1)（某天，小陈和小林在美丽的校园内闲逛，走过一棵很高的树时）

小陈：这棵树好高啊，是什么树来着?

小林：<u>高树（高数）</u>。

小陈（沉默许久）：哦，<u>怪不得上面挂了那么多人</u>……

(One day, Xiao Chen and Xiao Lin are wandering on the beautiful campus to a high tree.)

Xiao Chen：How high this tree is! What is its name?

Xiao Lin：Gaoshu（高树）[homonymous with Gaoshu（“高数” short for “高等数学” in Chinese, which means advanced mathematics)].

Xiao Chen (lost in a long silence)：Oh, <u>No wonder so many students are hanging in Gaoshu（advanced mathematics）final examination</u>.

小林回答小陈关于树名的问题时，给出了“高树（高数）”这一答案，完全在小陈的意料之外，因为在植物学里根本没有“高树”这种树木，这是一个自知是虚假，又缺乏证据的回答，它违反了 Grice 会话含义理论中质的准则。小陈的后续反应“哦，怪不得上面挂了那么多人……”，说明他明白了小林利用“高树”（虚拟的一种树木名字）与“高数”（数学科学中的一门核心课程高等数学）之间在汉语发音方面的谐音效果，也违反了质的原则，却直接暗含：在高等数学期末考试时，许多同学出现了“挂科”（考试不及格）情况。小林一下子就能明白他的这一言外之意所产生的幽默效果。

在翻译时，我们以直接性语用翻译策略为主，同时使用了音译和解释的翻译技巧，选择了译文话语：Gaoshu（高树）[homonymous with Gaoshu（“高数”short for“高等数学”in Chinese，which means advanced mathematics）；No wonder so many students are hanging in Gaoshu（advanced mathematics）final examination] 来传达原文说话人使用双关语表达的幽默语境效果。当然，如果考虑到英美读者在理解汉语双关语方面的困难，我们也可以采用间接性语用翻译策略，适当作出解释：so many students have failed in the advanced mathematics final examination. 不过，这样做既降低了译文读者的认知处理难度，又削弱了说话人使用双关语、违反质的原则所产生的语境效果。

13.4.2 量的准则的违反

违反量的准则意味着说话人提供的信息不足或者过量。在翻译时，我们努力把原文话语量的准则的违反情况保留在译文话语中。

(2)（某天，小王在宿舍向小李借钱）

小王：相处了这么久，小弟对大哥您的敬仰一直犹如滔滔江水……

小李：得了，拍我马屁我也不会借钱给你。

小王：…… 突然截流。

(One day，Xiao Wang borrows some money from Xiao Li in the dormitory.)

Xiao Wang：We have been staying together for such a long time. I am looking up to you with my gratitude flowing like streams of water...

Xiao Li：Oh，come on. I will not lend you any money even though you are trying to flatter me.

Xiao Wang：... Suddenly blocked up.

在这个例子中，小王有意奉承小李，以达到借钱的目的。他一边奉承，一边观察对方的反应，其奉承话语“小弟对大哥您的敬仰一直犹如滔滔江水……”没有提供足够的信息量，故意违反了量的准则。在基本确信对方无意借钱给自己时又话锋一转，把本来要使用的词语“连绵不绝”，灵机一动换成了“突然截流”，这又违反了质的原则。言外之意是“我一直对大哥您很敬仰，我找你借钱，可是你一口回绝，截断了兄弟的一片敬仰之情啊”。

在选择译文语言时，我们采用了直接性语用翻译策略，译出了说话人和听话人话语的明说内容，把说话人字里行间的弦外之音“小王有点不顾同学情谊”，保留在了译文话语“I am looking up to you with my gratitude flowing like streams of water...”和“...suddenly blocked up”的字里行间，留给译文读者去认知处理，并体味译文所产生的语境效果。

(3)（某次校运会上，跳高项目检录处有一男同学在负责检录）

小谢：现在是女子跳高检录时间，请问你的名字是?

小黎（一看是帅哥，开始挤眉弄眼）：小女子叫黎美，芳龄21，单身。

(In a sports meet, a boy is collecting players at the call room)

Xiao Xie: It is time for me to collect high-jump players. May I have your name please?

Xiao Li (seeing Xiao Xie, a handsome boy, and beginning to make eyes at him): I am Li Mei, 21, single.

小黎暗恋小谢，可是小谢不知情。在校运会跳高项目检录时，小黎抓住机会，当检录员小谢询问她的名字时，回答“芳龄21，单身”，违反了量的准则，透漏出个人信息，小谢应该会立马明白小黎传达的爱意，这样也避免了小黎直接表白可能会引起的尴尬。翻译时，我们的译文语言选择“I am Li Mei, 21, single”，翻译出了小黎话语的全部信息，至于她的言外之意“我正值芳龄，而且单身，如果你愿意，我可以做你的女朋友（未来的妻子）”，留给英美读者去推理解读，相信他们不用花费太多的推导努力便可以体味出小黎所传达的饱含浓浓爱意的语境效果。

13.4.3　关系准则的违反

违反关系准则，是指发话人所提供的信息与受话人所需要的信息没有关系。译者在翻译时，也需要保留说话人违反关系准则的情况，相信读者通过作出语境假设，在寻找关联的过程中，破解说话人的弦外之音。

(4)(两个同学在食堂排队点菜，小张拿不定主意吃什么，于是问小罗意见)

小张：你想吃点什么？

小罗：豆腐。

小张：吃什么豆腐？

小罗：吃你的豆腐。

(Two students are queuing for order in the canteen. Xiao Zhang, a girl are not sure about what to order. She ask Xiao Luo, a boy for help.)

Xiao Zhang: What do you want to have for your meal?

Xiao Luo: Tofu (bean curd).

Xiao Zhang: What kind of tofu?

Xiao Luo: Your tofu (a Chinese slang word for a female's breast).

小罗答非所问，以调侃的口吻说“吃你的豆腐”，明显违反了关系准则，因为小张期待的回答可能是“北方豆腐、麻婆豆腐、韩国豆腐、日本豆腐……”等菜名。该话语只不过是他们在日常交际中的闲聊话题而已，是无关紧要的玩笑话罢了。这也反映出大学生喜欢使用双关语等修辞手法来制造幽默。翻译时，我们采用了音译的翻译方式，并在译文：“your tofu”后增加了补充性的解释“a Chinese slang word for a female's breast”。这样，译文读者不用花费太多的推导努力，便可以抓住小罗调戏女同学流里流气情景的最佳关联（Sperber & Wilson，1986）。

13.4.4 方式准则的违反

前三个准则涉及的是信息的内容，而方式准则主要关注的是信息的传递方式。违反方式准则将导致话语含糊不清、不够简练以及没有条理等（何自然、陈新仁，2004）。翻译时，译者要努力再现说话人信息传达方式的交际线索，充分表现出它所产生的特殊语境效果。

(5)(Tom owes Jason's some money. One day, Jason goes to Tom's house and tries to get his money back.)

Jason: I have lent the money to you for a long time. When are you going to repay your debt?

Tom：I will settle my debt as soon as I receive the money which my boss will pay me if he accepts me as his interpreter as soon as my resume is sent which I am about to commence when I have found a suitable format for it.

（Tom 欠 Jason 的钱。一天，Jason 去 Tom 家，想尽力讨回这笔钱。）

Jason：我借钱给你好久啦。你打算到什么时候才还欠我的债呢？

Tom：我的老板一付给我薪水我就还你的钱我的简历一发出去他就雇用我做口译员我找到合适的个人简历文档模板后就要立马着手求职啦。

在这个例子中，Jason 催促 Tom 还钱，但 Tom 囊中羞涩，此时没有能力偿还，很无奈、很无助。为了在同学面前不至于太尴尬，并获得 Jason 的谅解，他答应等到他未来的老板雇他做口译员付给他薪水时，就立马还钱。然而，事实却是他现在还没有找好写简历所需要的文档模板。Tom 一口气说出这么长的一句话，绕了一个大圈子，到头来还是做了一个无法还钱的无奈的承诺。其中的无奈、自嘲和无助的幽默效果也随之自然而然地产生。很显然，他违反了关系准则，变相为自己不能还钱的困境作出解释，并请求对方谅解。在翻译时，考虑到 Tom 使用英语长句这一交际线索，是想传达他目前生活窘迫，实在无法还钱的无奈之意，我们采用了直接性语用翻译策略，以不使用标点符号对汉语译文进行断句的译文措辞和行文方式，尽可能传达 Tom 一口气说出自己不能还钱的原因所产生的语境效果。

13.5　结语

本章从 Grice 的合作原则视角出发，结合笔者对大学生幽默话语翻译实践的研究，探讨了在理解幽默话语时，听话人是如何解读说话人字里行间的言外之意的；在翻译时，译者又是如何作出译文语言选择传达说话人试图传达的语境效果的。我们认为，翻译幽默话语时，译者要尽可能采用直接性语用翻译策略进行译文语言选择，把说话人的“弦外之音”保留在译文话语的字里行间，留给译文读者去发挥自己的认知推导能力，并分析译文的语言语境，体味出原文说话人试图传达的语境效果。为达此目的，译者翻译时要注意：在质的准则方面，译文语言选择应该保留原文自知是虚假的或者缺乏证据的话语所隐含的语义空白；在量的准则方面，译文话语应该包含原文说话人交谈所需要的信息，但不要超出所需要的信息；在关系准则方面，译文话语应该与原文话语相关联；在方式准则方面，译者应该保留原文话语的措辞和行文方式。只有这样，译者才能更好地传达出作者的信息意图和交际意图，从而达成他与作者以及译文读者之间成功的跨文化交际。

第七部分

新书点评与学术动态

第 14 章 西方翻译动态过程研究的最新进展

14.1 引言

目前，国内外学者对翻译过程的研究，主要有两大思路：其一，对翻译操作过程的静态研究；其二，对译者思维运作过程的动态研究。对翻译过程动态性的研究是一个挑战性极强的翻译课题，因为它涉及译者十分复杂的大脑“黑匣子”。这方面的研究虽然取得了一定的进展，但不时会传出对此观点的质疑之声，然而这并不能使翻译界学者望而却步；相反，翻译界学者一直在尝试使用不同的理论视角、不同的研究方法知难而进，努力去揭开译者在进行双语转换过程中的大脑信息处理机制的运作之谜。截至目前，出版的具有影响力的相关著作有：*Tapping and Mapping the Processes of Translation and Interpreting*（2000）；*Triangulating Translation*（2003）；*Expertise and Explication in the Translation Process*（2005）；*Translation and Cognition*（2010）；*New Approaches in Translation Process Research*（2010）。

2011 年，由 Alvsad，Hild 和 Tiselius 编辑出版的《翻译过程研究的方法与策略》（*Methods and Strategies of Process Research*），是一部有关翻译过程研究的新作，其中收录了 17 位学者有关翻译动态过程的学术论文，全面反映了西方翻译界在该领域的最新研究成果。该论文集同时也是为 Englund 教授 65 岁生日献礼，以肯定她对翻译动态过程研究的重大贡献，即提出跨越传统译论界限的研究视角，创新性地探索翻译过程研究的方法论。

本章对论文集的主要内容进行综述，并结合国内外的研究现状作出点评，同时对未来的相关研究提出了一些建议。

14.2　学术背景

为了摆脱翻译过程研究完全依赖外部观察和译文分析等的困难，翻译过程研究学者（Krings，1986；Tirkkonen-Condit，1989；Lörscher，1991；Jääskeläinen，1999；Englund，2005）借鉴认知心理学的“有声思维”研究方法，对受试翻译时口述的思维数据进行分析，以研究译者的大脑信息处理机制是如何运作的。后来，口译研究者又采用“追溯法”（retrospection），用于受试者完成口译任务后追溯他们的翻译过程。在最近几年里，眼光轨迹设备（eyetracking devices）和脑电图（EEG）等先进的、具有技术进步推动的研究工具，得到了开发并运用于口译的认知过程研究。这说明翻译过程探索出现了研究方法综合运用（mixed-method designs）的发展趋势。

对口笔译翻译过程的更多认识可能会产生直接的社会影响，有可能开发出更为精确的翻译工具和翻译培训项目，反过来也会对翻译质量和翻译速度产生积极的影响。研究翻译过程有助于了解人类的大脑，因为口笔译是要求极高的认知任务，涉及“使用一种语言理解、以另一种语言表达、文本产出、翻译问题解决及译文决策”。（Englund，2005：6）

14.3　《翻译过程研究的方法与策略》内容综述

《翻译过程研究的方法与策略》共收集了 17 篇论文，涉及了丰富的语料类型和研究方法，包括击键记录法（keystroke logs）、眼光轨迹数据法（eyetracking data）、延时测量法（time lag measurement）、问卷调查、面谈、测试法和追溯法等。从更为广泛的研究视角来看，此研究方法包括定性、定量研究和设计类型法（design type）。这些方法综合运用于笔译、视译和口译等翻译任务中。“该论文集的目标是：为读者提供有关翻译过程研究的多样化的具有创新性的研究方法；涉及当前翻译界对理论研究和研究方法的关注；展示笔译和口译实证研究的新方法。”（Alvsad，Hild & Tiselius，2011：1 ~9）

论文集分为三部分。第一部分“概念及方法论探索”主要涉及口笔译过程研究方法问题，例如：在视译实验研究中整合不同的语料类型；评估眼光轨迹跟踪技术及眼声时限测量技术的可靠性；口译中整合人种学及认知研究（ethnographic with cognitive research）的必要性。

Wadensö 结合她的译员职业，考察了口译研究动态，探索了学术界具有争论的研究课题：口译研究应该尽力弥合研究者与实践者之间的差别吗？同时她还探讨了两个具有竞争性的研究趋向：基于证据的口译实践研究（evidence-based interpreting practice）和口译自身学术研究（studies of interpreting as an academic field in its own right），即探索和揭示口译如何发生的相关研究。她认为：对于业界要求缩小口译理论与实践差异的迫切要求，应该在二者之间保持一个临界距离（keeping a critical distance）。

Chesterman 探讨了直译翻译策略假说（literal translation hypothesis）及其对翻译理论研究的重要性；认为处理翻译中形式和意义之间的认知关系具有理论意义；讨论了该策略的评判标准：可验证性、适用性、新奇价值（surprise value）和解释力（explanatory power）等。其研究的价值，不仅在于告诉我们直译假说本身是什么，而且证明了在前人的研究基础上，于一个新的更广阔的语境下，应如何对该假设进行创新性研究。

Jakobsen 回顾了 Translog 项目并介绍了如何对眼光轨迹追踪（eye-tracker）与击键记录法数据（keystroke data）研究方法进行整合，以开发眼光跟踪阅读活动程序（eye-to IT）项目。他详细描述了两者之间的关联性，并采用个案分析证明了这两种研究方法给搜集数据带来的不同挑战；最后，他还分析了击键记录和眼光轨迹追踪数据，并在此基础上提出了阅读、打字、监控等六个步骤的认知处理模式。Mossop 从译者的视角出发，提出了产出译文语言的不同方式，如摘录（quote）、粗译（fudge）、猜测（guess）、解释（explicate）等。在转换过程中，译者使用先前决定的词项给他的译文贴上标签。他指出：这种方式在译员培训情景下比较有用，因为培训教师可能会知道学生采用某个解决方案的意图，并可以将其用作“有声思维”和“追溯法”的补充性研究方法。

Vandepitte 与 Hartsuiker 基于学生转喻语言使用问题受控的心理学实验（controlled psycholinguistic experiment）的研究方法别具一格。其研究的出发点是，尽管不知道跨文化差异在多大程度上会给翻译过程带来难题，翻译人员还是应该对翻译难题予以高度重视；语言能力模块依然是译员培训的核心组成部分。该实验揭示了不同语言对某一特定转喻语言结构的翻译，不论学生是否接受过翻译培训，均会在翻译过程中遇到翻译难题（translation problems）。

Shreve、Lacruz 和 Angelone 对导致视译人员话语不流畅（speech disfluency）的认知努力因素进行了研究，研究显示对这方面的分析，特别是结合眼光轨迹数据的分析，有助于我们发现和解决翻译难题，如何在认知层面通过修正（repairs）翻译策略展示出来。他们认为，对视译人员表达的不流畅现象进行的分析，既为了解与视译有关的认知现象，比如视觉干扰（visual interference），也为发现与解决词法、句法、策略等问题相联系的认知过程提供了重要的信息。

Timarova、Dragsted 与 Hansen 聚焦于衡量翻译延时（time lag）情况，提出了综合的元分析法（meta-analysis），其实验探讨了衡量延时分析的可靠性和有效性，其研究采用临近方式（a proximal manner）比较了前人在口笔译研究中的延时衡量方法。研究发现，两者得到的研究结果不同；延时衡量方法的差异急需得到进一步的实验验证；通过学生译员与职业译员的比较，测算他们的眼睛键盘跨度（eye-key span），显示译者个体翻译技能差异具有较大的研究空间。

论文集第二部分是有关口笔译过程的实证研究，涉及隐喻理解、职业译者和第二语言熟练使用者实验组在感知和解决翻译问题方面的差异、读者对不同形式字幕译文的感知情况、翻译教学技巧对第二语言阅读理解及元语言意识（meta-linguistic awareness）的影响等。

Shlesinger 和 Almog 以 14 位将英语作为第二语言的初学者为实验对象，探讨了以色列中学实施的两年期英译希伯来语笔译技能项目对形成元语言意识产生的影响。其研究基于定性和定量语料，包括问卷调查、受试面谈、测试结果。研究显示，该项目作为中学选修课，将会有力提高与语言相关的技能和有效培养学生的元语言意识。Rydning 与 Lachaud 采用心理语言学实验，探索了在翻译过程理解阶段译者对主要隐喻（primary metaphor）、复杂隐喻（complex metaphor）的认知处理速度（processing speed）及其概念理解的清晰度（conceptual clarity）。研究发现：译者大脑中主要隐喻的概念清晰度大于复杂隐喻，并验证了 Lakoff 和 Johnson 的隐喻假设，为进一步探究隐喻理解如何影响翻译的后续阶段，帮助确定译文质量，起到铺垫的作用。

Künzli 和 Ehrensberger 进行了一项以 27 位受试者参与观看 4 个电影片段为形式的创新性实验，旨在探讨观众对电影及歌剧字幕的接受能力和反应程度。该项研究采用眼光轨迹技术，探测他们对字幕所感兴趣部分的注视延时（fixation duration）和注视频率；运用屏幕追溯提问（retrospective on-screen questions），评估观众对所提问电影内容的理解准确度及其感知满意程度（audience perception and satisfaction）。实验结果表明，两种情况下观众的理解程度没有显著差异，其认知处理的字幕信息多于业界要求的行数和字符数规范。

Gile 从认知饱和度（cognitive saturation）和语言配对具体困难（language-pair specific difficulties）的角度，分析了奥巴马总统就职演说的法语、德语、日语实况同传译文中的错误、遗漏和不当等译文现象。研究显示：许多错误解读（misinterpretation）或者忽略原语微小单元（micro-units）是简单的非技术性问题；日语同传译文中的错误或漏译比德语、法语多，这可能是由译员对语言准确性与信息完整性有所偏重的口译风格所致。这些现象与译员趋向认知饱和的理论假设相吻合。简单方法和自然研究（simple methodology and naturalistic studies）在口译研究中将作出有价值的贡献。

Norberg 对双关语的认知过程进行了实证研究，提出了相关翻译策略。该实验让三组翻译专业学生翻译一则短小的且在译文语言中没有对应项的双关语，并对此次翻译和讨论进行了录音和分析。研究表明，在产出所期望的幽默效果过程中，即便受试学生并非总能把理论较好地应用于实践，但他们仍然有较高的语言结构意识；相互协作（collaboration）既有助于学生克服精神阻塞（mental blockages），又有助于提出创造性的解决办法。

Angelellic 以批评性话语分析为理据来探讨翻译过程，通过研究口译员协调护士与慢性病患者之间的医患冲突的方式，探讨了口译员如何行使自己的权力（power）改变医患冲突的状态，发现了让病人理解和得到医疗服务提供者的回应，是这些口译员工作的一部分。

论文集的第三部分，主要涉及有关翻译过程中口笔译技能的实证研究。

Hild 采用心理语言学及教育学研究中评估语言复杂性的不同测量方法，让两组口译员（专家和初学者）阐释两个具有不同语言复杂性的文本，并操控句法难度使复杂程度不断增加，探究认知负荷效果对同声传译的影响。研究结论是专家的认知处理过程相比较于口译初学者，不容易受语言复杂程度的影响；策略性宏观认知处理方式（strategic and macro processing）是口译员临场熟练表现的重要因素。

Tiselius 和 Jenset 选取三个层次（翻译专业初学者、两年短期经验者、平均 25 年译龄的长期经验者）的口译人员作为实验对象，运用 Carroll 的可理解性和信息性级别模式对实验组的口译结果进行分析（product analysis），并采用 Ivanova 的追溯式"有声思维"探讨了口译翻译过程。实验结果不仅证实了前人有关翻译问题和翻译策略的研究成果，而且指出了翻译经验差异在选用翻译策略和解决翻译问题方面产生的明显影响。

Vik-Tuovinen 介绍了影响译员在实施口译翻译任务时运用翻译策略的关键因素，研究了专业口译员的翻译思维和临场表现（professional thinking and acting），探讨了专业知识和内隐知识在口译职业中如何发挥作用。她进行了三项实证研究：一项考察口译专业学生和职业译员在实施口译任务过程中如何选择翻译策略；其他两项考察实用知识和内隐知识（practical and tacit knowledge）对翻译策略的影响作用。他使用问卷调查和正式面谈的研究方法，对口译策略和内隐知识的关系进行了研究。研究结果强调口译场景因素、知识和规范是口译员在发展职业技能方面的重要实体性因素（important entities）。

PACTE 翻译技能研究团队对笔译过程中“识别与解决翻译问题”的变量进行了深入研究。他们采用语料分析方法，比较了 35 位职业译员和 24 位语言教师对问卷调查的反应（questionnaire response）以及面谈有声思维（interview protocols）的情况。在受试对象实施翻译任务过程中以及交换翻译任务后，该团队实验考查了与其翻译技能有关的四个指标性因素：文本难度感知情况、识别翻译问题、翻译问题性质和翻译问题解决满意度。研究显示，对于第一个指标性因素，语言老师与职业译者相比，会认为文本对于他们来讲难度较大；就其他指标性因素而言，译者个人因素（自信程度、自我批评的翻译态度）、对受试感知翻译问题性质与类型、翻译问题解决满意度具有重要的作用。另外，阐释翻译问题需要一种特殊的元知识（meta-knowledge）。

14.4　简评

《翻译过程研究的方法与策略》收录了西方学者有关翻译动态过程的最新研究成果。从研究对象来看，他们感兴趣的研究课题范围很广，诸如口译、笔译、视译、同传和影视翻译等，积极涉猎学术前沿性研究，研究视域广阔。其研究的最大特色是：充分利用各种最新的具有高科技含量的实证研究方法，探讨翻译过程中译者的大脑信息处理机制是如何运作的，努力破解译者大脑的“黑匣子”。这些研究方法使得研究结果更具有科学性、客观性、系统性，弥补了以往有关翻译过程研究的理论演绎和译例分析研究方法的不足，并对前人的观点进行了修正、补充、丰富、完善和发展。西方学者希望通过实证数据的有力支持透视译员的心理过程，来探讨翻译过程中诸多悬而未决的问题，这对于我们揭开翻译过程中双语转换机制之谜，开发精确的翻译工具，设计有效的翻译培训项目，提高翻译质量和翻译速度，开展翻译课堂教学动态过程研究，推动翻译学科建设，具有深远的理论意义和实践意义。

目前，西方翻译研究的一个热点是翻译认知研究、翻译过程研究与认知科学的新概念、新方法、新模型出现相融合的趋势，译者专长研究和口笔译过程的“神经—生理”研究呈现出深入探索的态势（Shreve & Angelone，2010）；另一个热点是翻译动态思维过程的研究。在理论演绎思维方面，国内不比西方落后，但国内的实证研究方法严重滞后，西方翻译研究具备有声思维（think-aloud protocol）、眼光轨迹技术（eye-tracking）、键盘记录技术（key-logging）、三元数据分析法（triangulation）和大脑电子扫描成像技术（electroencephalograph）等先进研究方法。但国内学者由于研究经费及科研条件的限制等原因，客观上制约了对翻译过程的实证研究。

与西方学者的研究相比，国内学者主要还是以理论演绎、译例分析的定性研究为主。就目前笔者查阅到的文献而言，近年来仅有极少数学者（郑冰寒，2006、2007、2008；邓志辉，2011）对翻译过程进行了实证研究，这方面的研究在国内尚处于尝试、探索、模仿、借鉴的起步阶段。在当前翻译过程研究热的学术背景下，该论文集的及时出版，对国内从事翻译过程实证研究的学者起着启发、引领和指导作用。我们可以学习和借鉴西方学者的翻译过程的研究方案设计、研究方法、研究思维和研究程式等，检验他们基于印欧语系之间译文转换过程和结果提出的翻译模式，是否能适用于英汉、汉英动态翻译过程中译者思维运作的相关研究，进一步看看是否能对他们的研究给予必要的修正、补充。更为重要的是，中国学者需要学习西方学者迎难而上、一往无前的创新精神，及时关注其最新研究成果，尽快调整我们的科研思维。在翻译动态过程研究方面，要有赶超西方同行的信心和勇气，展示我们原创性的科研成果。

另外，笔者认为，翻译动态过程的实证研究关注的是译者的大脑思维运作处理机制，这方面的研究成果可以借鉴来研究翻译课堂教学的动态过程。西方翻译界对翻译课堂的动态性似乎没有太多的研究，“Much has been written about the process and product of translation，but little about class dynamics”。（González，2004）我们可以尝试性地探讨，在翻译课堂教学过程中，教师如何指导学生译者跨越原文和译文在词法、语法、句法、语义、语用、心理语言以及社会语言认知接口上的障碍，达成与作者和意向读者之间成功的跨文化交际。为达此目的，我们需要从实证定量研究的角度探讨：① 在教学中，对于原文话语的阐释和译文的产出，由于学生译者不同的语言交际翻译能力，其翻译过程呈现出什么样的变异性？② 这种变异性是如何产生的？③ 学生译者又如何在教师启发和引导的互动过程中，与作者进行协商性、顺应性对话，找到作者试图传达的意图？④ 学生进而如何影响和制约其译文话语产出的变异性？⑤ 即便阐释无误，学生译者的译文选择为何仍然呈现出变异性？⑥ 教师又该如何指导学生译者跨越认知接口障碍，产出满足译文读者认知和谐的译文话语，实现成功的跨文化交际。（李占喜，2007）毋庸置疑，翻译课堂的动态过程研究将更为复杂，因为它涉及教师、学生译者、原文作者、译文读者、职业译员、翻译发起者等多种声音共存的翻译活动（González，2004）。在教师的指导下，学生译者的思维运作过程会呈现出变异性、协商性和顺应性的动态心理画面，这方面的研究可能会对翻译教学研究和课堂教学实践，具有一定的理论意义和现实意义。

第 15 章　西方影视翻译研究的最新进展

15.1　引言

2009 年，由 Diaz 和 Anderman 编辑出版的《影视翻译：屏幕上的语言转换》（*Audiovisual Translation*：*Language Transfer on Screen*），收录了 17 位学者的研究论文，从不同的理论视角对影视翻译展开了系统深入的研究。该论文集反映了西方有关影视翻译的最新研究成果，同时对当前影视翻译研究提出了一些值得探讨的问题。我们相信它将会引起影视界、翻译界学者越来越多的研究兴趣，将会对我们国内的相关研究起到一定的引导与启发作用。

15.2　《影视翻译：屏幕上的语言转换》内容综述

该论文集内容分为四个部分：影视（戏剧）字幕翻译研究、影视配音翻译研究、影视翻译接受性研究和影视翻译教学与培训研究。

15.2.1　影视（戏剧）字幕翻译研究

Georgakopoupou 密切关注了 DVD 市场的最新动向和快速扩大的影视字幕翻译国际产业的发展情况，从 European Captioning Institute 语料库中，选取由英语影视字幕转换成其他语言字幕的语料，探讨了影视翻译自身存在的，诸如技术性、文本性和语言性等制约因素，并就如何在 DVD 影视字幕中处理这些制约因素提出了自己的观点。Sokoli 参照描述性翻译学中有关翻译规范的研究，提出了在字幕翻译中引进一个评价性因素。通过对西班牙和希腊影片字幕翻译的定性和定量研究，Sokoli 认为对翻译行为本身的描述可能不会提供有用的研究结果，而对翻译规范的研究，会对评判译文是否“合适”、“准确”、“恰当”，提供必要的借鉴。Sokoli 对聚焦于字幕翻译人员翻译规范的研究不仅可以解释和预测字幕翻译策略，而且可以为培训未来的字幕翻译人员提供相关指导。

Bogucki 研究了电影 *The Fellowship of the Ring* 中的波兰语字幕翻译，探讨了影视译文质量评估标准，并将其应用于字幕翻译实践中。他认为，借助电脑软件程序和国际互联网，非专业人员也在从事字幕翻译，但其与字幕翻译专业人员受到的制约因素相比差别很大。通常前者所使用的原文为低质量的数码录音资料，因而，其译文往往会受到字幕翻译者听到的原文对话内容的多少，以及理解程度的制约。Burton 强调，影视字幕翻译和戏剧文本字幕翻译，在翻译要求和翻译技能方面，存在着较大的差异。影视字幕翻译策略应作为最普通的戏剧字幕翻译方法。除此之外，他还详细分析了戏剧字幕翻译过程，并对这一专业领域存在的问题和缺陷进行了研究。他指出电视、DVD 影碟上的戏剧字幕翻译以及戏剧唱词字幕翻译，是过去十多年新兴起的研究领域，相关精密软件和硬件发展得也很快，采取正确的方法翻译剧本涉及的问题，在其他形式的翻译中很难找到。Desblache 根据其写作的法语版本 *Albert Herring* 的经验，探讨了在戏剧字幕翻译中经常遇到的文化对等、幽默、押韵这三道难关，他认为原文超语篇方面（extra-textual）和非语义方面（non-semantic）的转换，对于成功的剧本改编式翻译至关重要，在翻译时必须将这些方面考虑进去。

15. 2. 2 影视配音翻译研究

Tveit 尝试对影视配音翻译和影视字幕翻译的正反面效果进行评估，试图探讨二者之间哪一种为较好的选择。字幕翻译的劣势在于原文信息的缺失，这是由于在口语模式到书面模式的转换过程中，经常出现电影人物角色的方言口语特征或某一阶层人士的社会方言特征无法正常传达的现象。而且，如果选择字幕翻译方法，那么又会因视觉、空间和编码等因素的制约而引起更难解决的问题。Antonini 和 Chiaro 基于 300 多个小时的电视节目配音语料库，使用网络技术，以 5 000 多位观众作为受试者，对原始语料进行了 ANOVA 方差分析，探析了观众对意大利节目配音语言自然度的感知情况。得出的研究结果显示：观众似乎能够容忍语言不自然的配音内容，即在意大利本土小说节目和意大利自然话语电子语料库中没有的语言特征，他们也能够接受。

Cañuel 以 1975—2000 年间进入德国市场的由文学作品改编成的 38 部西班牙影片作为语料库，从多元系统理论的视角，结合德国电影的拍摄手法，探讨了电影改编、文学翻译和影视翻译三者之间的转换过程。她分析了西班牙文学作品的电影改编模式，及它们在德国的发行和接受情况，提出了文学作品改编为电影作品的语言转换规范。她的贡献在于把影视翻译的语言范围扩大到德语和西班牙语。Orero 审视了翻译界对于影视配音翻译或旁白叙述翻译的诸多定义，描述了相关翻译技能，指出这方面的翻译是在电影后期制作阶段进行的，所以往往会受到时间仓促、根据荧屏内容翻译、语料未经编辑等因素的制约。Shibahara 探讨了如何遵循不同的影视口译模式进行翻译。根据他自己的经验，他总结了英国广播公司和日本广播公司的口译风格、口译政策和口译质量控制体系等。他认为口译人员必须理解原语信息，在必要的情况下对信息进行编辑，如此才能让观众比较容易理解，另外在“广播口译”（broadcasting interpreting）方面，译者必须编辑信息以确保交际的有效进行。

15.2.3 影视翻译的接受性研究

Neves 研究了为听障者所做的影视字幕翻译。他认为并非是标准翻译提供的信息过多，使听障者难于消化和吸收，应采用不同的翻译方法，诸如配音翻译、字幕翻译、语内和语际字幕翻译、对字幕翻译进行改编等，以便更好地满足听障人士的不同需要。Holland简单介绍了音频描述性翻译，这是为感官存在障碍的群体扩大媒体收视范围而提供的另一主要翻译技能。他探讨了音频描述人员发挥视障群体眼睛的功能所起的作用，他还研究了如何把舞台或荧屏上的剧情转化为话语内容。最后，他指出随着视障群体日益受到关注，音频描述性翻译将成为影视翻译的一种有效形式。Mario de Bortoli 和 Jesús Maroto Ortiz-Sotomayor 对大型国际公司把建立的英语翻译网站在国外市场所取得的语言使用方面的成功经验和遇到的难题进行了探讨，认为只有通过跨学科专家的共同参与，才能保证学科研究为真正的国际化公司带来巨大的经济利益。

15.2.4 影视翻译教学与培训研究

Skuggevik 将字幕翻译者的敏感性与其采用的翻译策略相联系，为学生和受训者提供了以前从未使用过的方法，即切分原影视对话及其字幕译文的语言结构（constituents）。他以 Grice 的会话含义理论和 Jakobson 的交际功能理论为研究理据，提出了影视翻译交际教学法，使我们能够对字幕翻译程序进行科学严格的量化分析。Taylor 探讨了如何使用多重模态翻译速记法（multimodal transcription），详细准确地描述电影文本，以使字幕翻译人员能够把译文选择建立在其他符号学形态（semiotic modalities），如视觉因素、音乐因素、色彩因素和摄影定位（camera positioning）等提供的意义之上。他认为这一过程尽管耗时，但被证明是极为有效的教学手段。短语分析法的进一步拓展，为全面分析电影文本奠定了基础，同时也为电影翻译提供了一种行之有效的教学方法。

Bartrina 主要研究网络虚拟课程为影视字幕翻译带来的挑战，以及未来影视职业翻译人员通过网络学习拓展自己翻译能力的方式。他认为教师需要把教学技能从面对面交流的课堂教学，转换到网络虚拟环境下。这一转化反过来会使教学方法发生新的转变，并使教师在使用信息和通信技术的过程中，努力习得新的教学技能。Caimi 强调了字幕翻译在语言学习中的重要性，提出了语言目标、教学目标和经济目标趋同的建议。他认为应该从语言、外国语言教师、影视商人的角度，去探讨以质量为取向的教育目标和以数量为取向的经济目标之需要。

15.3　简评

《影视翻译：屏幕上的语言转换》论文集反映了西方影视翻译最新的研究成果，其研究呈现出多元化和系统性、微观性与宏观性相结合的研究趋势。从研究内容来讲，西方学者对媒体口译、戏剧字幕翻译、为听（视）障人士所作的语内或语际翻译进行了深入研究，而这些研究课题，国内的翻译研究几乎没有涉及。笔者认为，西方学者的影视翻译研究，无论是研究对象、研究方法，还是预期的研究目标，都值得我国翻译界去借鉴和学习。

中国期刊网 1994—2009 年之间发表的 168 篇影视翻译学术论文显示，最近五年国内影视翻译研究呈现出不断增长的态势（2004，3 篇；2005，12 篇；2006，15 篇；2007，26 篇；2008，44 篇；2009，61 篇），这与近几年外国影片的大量引进与译介有关，但发表在外语类核心期刊的论文仅有 5 篇。我国的影视翻译研究主要集中在外国电影、电视的配音翻译和字幕翻译，这说明我们的研究视野没有西方学者广阔，在这方面还待我们努力超越。

论文集表明，在影视翻译研究方面，西方翻译界呈现出勃勃生机，这与研究者所具有的扎实深厚的翻译理论背景、相关影视专业知识、电影艺术欣赏能力以及长期从事影视字幕翻译实践不无关系。笔者认为，要想把国内的影视翻译研究提高到一定的水平，只有具备与西方学者同等的综合研究素质，我们才能逐步改变一味跟着西方学者的脚步走、创新不足的研究套路，才能赶超西方学者的研究，才能让其听到中国学者的声音。

从研究方法上来讲，除了理论演绎和译例分析之外，西方学者更注重实证研究，善于综合运用语言学统计方法、计算机软件和互联网技术，对制约影视翻译质量的诸多因素，进行深入细致的量化分析，以增强其论证过程的科学性和研究结果的客观性。即便是理论演绎，西方学者也善于结合自己的翻译实践，整合相关理论，探索出新的研究模式。其认真严谨的科研态度和积极进取的创新精神，为国内影视翻译研究者树立了一个很好的榜样。

当前，影视翻译出现了前所未有的繁荣景象，但仍有许多问题有待探讨。以前旧的研究方法与目前新的研究方法往往很难保持一致性。影视字幕风格在不同国家，甚至在不同影视公司之间也有所不同。因此，随着影视业的快速发展，影视翻译者需要及时适应变化，对自己的研究内容、研究方法和研究思维等及时作出调整，以适应新研究课题的需要。

西方学者提出的一些问题，值得我们去探讨。最近几年翻译界和影视界不断呼吁制定“影视翻译的最佳操作规范”，但是这样的规范具有可操作性吗？在影视翻译方面具有可行性吗？如果可行，是否还需要制定出地方规范、国家规范抑或国际规范？这些问题的确值得我们在探讨影视翻译理论和从事影视翻译实践时，进行深入创新性的思考。

第八部分

语用翻译研究展望

第16章　语用翻译研究前瞻

16.1　引言

当代语用学研究课题出现分析视角多维性及学科多维性特征，与相邻学科之间的交叉融合将更加密切。语用学的新观点、新视角、新方法不断地涌现，都会给翻译研究带来一些新的启示，这又将进一步促使我们站在新的语用学视角，来探讨翻译研究方方面面的问题。

本章旨在指出当前国内语用翻译研究中存在的问题，提出相应的建议，并对语用翻译的研究趋势作出预测。

16.2　目前国内语用翻译研究中存在的问题

在第一章，通过对国内外语用翻译研究的回顾与述评，我们发现，语用翻译这一跨学科研究似乎出现了某些"尴尬"的局面：翻译界熟知翻译理论的学者很多，系统地了解语用学理论的却很少；语用学者熟悉语用学的相关理论，但真正从语用学的角度阐释翻译问题的学者却寥若晨星。其中一个重要的原因是他们不熟悉国内外翻译研究的现状，另一个原因是他们觉得从语用学的视角选取翻译研究的"切入点"比较难。

最近几年，虽然有不少的学术论文发表，但从论文发表的质量和数量来看，我们在语用翻译方面的研究尚处于跟随西方相关研究进行探索的起步阶段，我们依然是跟着西方学者的步子走，缺乏具有创见性的学术观点，对语用学理论在翻译研究中的应用不娴熟。纵观国内的研究现状，我们认为国内语用翻译研究存在以下问题：

（1）模仿性较强，创新性不足。这主要表现为：文章偶有心得，后续研究匮乏；研究多是灵感式、启发式，不系统、不深入；总能看到模仿西方学者研究套路的痕迹，结合国内翻译研究的创新性成果很少。在这方面，中国学者需要开拓自己的学术视野，提高科研创新意识；要敢于质疑西方学者的学术观点，找出突破口，补充、完善并发展他们的学术思想，争取早日让西方学术界听到中国语用翻译学者的声音。

（2）理论演绎较多，实证研究滞后。在进行翻译理论研究时，带着预先选择好的理论框架去找语料，难免有削足适履之感。从中国期刊网搜索到的语用翻译方面的学术论文和学位论文中，我们看到硕士论文绝大部分都是以关联理论或顺应理论作为理论框架，究其原因在于这些理据具有理论的完整性和系统性，无须研究者花费很大的力气去构建一个更富有挑战性的理论框架。但是，由于这些理论本身也有自身的缺陷或不足，研究者自然会聚焦于适合用这两大理论进行分析的语料。由于没有实证研究，在论文的结论部分，研究者们都将不可避免地提到自己的研究成果由于受所依据的理论和自身科研能力的限制，论述或多或少地有一点主观成分。要避免这方面的不足，我们认为，研究者一方面需要具有学术上的创新勇气，丰富和补充前人的研究；另一方面也应尝试运用实证性的研究方法来严密论证自己的研究成果。

（3）语用学理论与翻译研究的结合论证方面出现了“不和谐的声音”。这方面的主要原因恐怕是，单一学术背景的研究者较多，既懂语用学又懂翻译学的学者极少。研究时他们大多机械地套用国外语用学者的观点，结果使语用学的相关理论概念和译例分析不能水乳交融，行文表达常常出现“拼凑”的痕迹，造成了语用翻译研究的“两张皮”现象。要避免这一现象，需要语用学界和翻译界学者的相互合作，也需要两个研究领域的学者积极开拓自己的研究思路，从跨学科的视角从事相关研究。

（4）研究多以文学翻译为主，口译和实用文体的语用翻译研究相对滞后。目前，国内在语用翻译方面的研究多以文学翻译为主，也许是因为文学翻译方面的语料更适于从语用学的角度来探讨相关的跨学科问题。例如，关联理论中的一些核心内容，诸如明示、隐含、强式交际、弱式交际和意境效果等，借鉴到翻译研究中，我们可以探讨译者是如何对文学作品进行阐释和在译文中又是如何予以成功传达的。但这些概念在某些实用文本中，恐怕很难展开讨论。比如，法律文本要求法律条文客观、公正、富有权力性、准确性；不给读者留下语义不确定的解读空间，只需要明示信息，不需要隐含信息等，所以要从语用学的角度对法律文本意义的不确定性作出有力的解释。在提供理论支持方面，研究者似乎有些心有余而力不足。今后，在口译和实用文体翻译方面，我们可以对这些领域的翻译实践进行回顾、反思、总结，在此基础上尝试从语用学的视角作出一些理论假设，然后采用理论演绎、译例分析、实证研究等研究方法，在相关研究中实现某种意义上的突破。

16.3 语用翻译研究前景与展望

随着语用学研究的飞速发展，国内越来越多的学者从这一角度来阐释翻译研究的相关问题。目前在国内语用学界，关联理论和顺应理论是研究的热点，这些理论将直接影响国内学者探讨语用翻译的研究趋向。我们预测该领域的相关研究将会呈现出以下前景：

（1）以关联理论和关联翻译理论为视角的翻译研究会进一步深入化、系统化；实用文体方面的翻译研究将会突破“坚冰”，未来的研究成果会逐步出现。我们从中国期刊网上搜集到的以关联理论为研究框架的硕士学位论文有61篇，从所涉及的论文题目：文化亏损及翻译补偿、文学翻译批评、戏剧翻译、外宣新闻翻译、网络新闻翻译、幽默翻译、影视翻译、话语标记语翻译、广告翻译、商标翻译等可以看出选题的多样性。笔者认为，要深入语用翻译研究，可能需要把这些较大的选题聚焦到某些侧面上，这样才能集中笔墨来探讨一些具体的问题，才会有一些新的理论发现。

对于以关联理论为视角的翻译研究，首先，我们要搞清楚一个基本点，关联理论是研究听话人在交际中如何阐释说话人的信息意图和交际意图的，然后我们可以演绎推理出该理论对译者阐释作者意图具有理论上的指导作用。其次，Gutt 的理论创见在于把关联理论移植到翻译研究中，但我们要批判性地分析关联理论在英汉文化意象处理中的情况。尤其是在进行独特文化意象的处理时，我们会感到关联翻译理论在解释上的缺憾。再次，我们应该结合汉语语料的分析，来补充、丰富、完善甚至发展 Gutt 的学术观点，比如说关联翻译理论的“求信”研究探讨的就是译者如何成功地传达出作者所有的明示和隐含，这也是译者在跨文化交际中应该具备的神圣职责。但我们也不能忽视当前翻译研究的一个热点问题，译者对作者原文话语的操纵性重构很难以 Gutt 的观点进行阐释。那么，如何补充 Gutt 的观点，是值得我们思索的一个问题。最后，我们更应该结合自己的翻译实践，来探讨关联翻译理论对翻译教学和翻译实践有哪些具体的启示或指导作用，这样才可以使该理论对翻译过程的认知阐释有实实在在的归宿和落脚点。

（2）以顺应理论为视角的语用翻译研究在国内会出现与关联翻译理论研究相类似的不断增多的局面。从中国期刊网上，我们搜集到相关的硕士学位论文多达50篇。研究的论文题目涉及双关语的翻译、旅游资料翻译、品牌名称翻译、影视翻译、戏剧翻译、文化误译、立法语篇翻译、广告翻译等。这方面的研究之所以会不断地出现，一个很重要的原因是顺应理论系统地研究了交际中语言使用者进行语言选择的过程，该理论为译者进行译文选择的动态过程提供了一个较好的研究视角。

（3）基于“语用学分相论”的翻译研究还会有一定的研究空间，但这方面的研究因这些理论的局限性、研究范围的相对狭窄性，很难构建出一个系统的翻译模式。比如说，我们可以以“言语行为”、“合作原则”、“会话含义”等理论为视角来探讨一些文学语篇和非文学语篇的翻译，看它们的译文话语是否达到了语用语言等效或者社交语用等效，但我们很难预测出这方面的研究究竟能够走多远。

（4）在研究方法上，语用翻译将会走向理论演绎、译例分析的定性研究和“有声思维”、问卷调查等实证方法相结合的研究方向。在翻译界的相关研究中，学者们大多采用理论演绎和译例分析的研究方法，虽然近几年也有一些学者倡导在翻译研究领域进行一些实证研究，但由于翻译学科的性质及其研究的复杂性，实证性的翻译研究仍然是举步维艰。尽管如此，笔者仍然认为，在语用翻译研究中，实证性的研究方法在一定程度上可以弥补理论演绎定性研究的不足，能够减少其中的主观性，提高翻译研究的可信度和效度。

16.4　结语

本章指出了我们研究中存在的一些问题，尝试性地提出了一些建议，并预测了语用翻译未来的发展前景，以期与学界同仁共同关注国内外语用翻译研究的发展趋势。

参考文献

[1] Abelson, R.P., Aronson, E., McGuire, W. J., Newcomb, T. M., Rosenberg, M. J. & P. H. Tannenbaum (eds.). 1968. *Theories of Cognitive Consistency: A Source Book* [M]. Chicago: Rand McNally.

[2] Albert, E. 1968. *The International Encyclopedia of the Social Sciences*, vol. 16 [M]. New York: Macmillan.

[3] Allwood, J., Anderson, L. G. & Dahl. O. 1977. *Logic in Linguistics* [M]. Cambridge: Cambridge University Press.

[4] Alves, F. (ed.). 2003. *Triangulating Translation: Perspectives in Process Oriented Research* [M]. Amsterdam/Philadelphia: John Benjamins Publishing Company.

[5] Alvsad, C., Hild, A. & E. Tiselius (eds.). 2011. *Methods and Strategies of Process Research* [M]. Amsterdam/Philadelphia: John Benjamins Publishing Company.

[6] Anonymous. 1992. Review of Gutt 1991 [J]. *Language International*, 4 (5).

[7] Austin, J. L. 1962. *How to Do Things with Words* [M]. London: Oxford University Press.

[8] Babbie, E. R. 1992. *The Practice of Social Research* (6th *edition*) [M]. Belmont/CA.: Wadsworth.

[9] Bach, K. & R. M. Harnish. 1979. *Linguistic Communication and Speech Acts* [M]. Cambridge/MA.: MIT Press.

[10] Baghramian, M. (ed.). 1998. *Modern Philosophy of Language* [M]. London: J. M. Dent.

[11] Baker, M. 1992. *In Other Words: A Coursebook on Translation* [M]. London/New York: Routledge.

[12] Baker, M. 1998. *Routledge Encyclopedia of Translation Studies* [M]. London/New York: Routledge.

[13] Barnes, A. C. (tr.). 1962. *Morning in Shanghai* [M]. Peking: Foreign Languages Press.

[14] Bassnett, S. and A. Lefevere (eds.). 1998. *Constructing Cultures—Essays on Literary Translation* [M]. Clevedon: Multilingual Matters Ltd.

[15] Bassnett, S. & A. Lefevere (eds.). 1990. *Translation, History and Culture* [M]. London/New York: Pinter.

[16] Bassnett, S. & H. Trivedi (eds.). 1999. *Postcolonial Translation: Theory and Practice* [M]. London/New York: Pinter.

[17] Bassnett, S. 1980. *Translation Studies* (3rd *edition*) [M]. London: Methuen.

[18] Beaugrande, R. D. & W. Dressler. 1981. *Introduction to Text Linguistics* [M]. London: Longman.

[19] Beaugrande, R. D. 1980. *Text, Discourse, and Process* [M]. London: Longman.

[20] Bell, R. T. 1991. *Translation and Translating: Theory and Practice* [M]. New York: Longman.

[21] Bernardini, S. 2001. Think-aloud protocols in translation research [J]. *Target*, 13 (2).

[22] Blakemore, D. 1987. *Semantic Constraints on Relevance* [M]. Oxford: Blackwell.

[23] Blakemore, D. 1992. *Understanding Utterances: An Introduction to Pragmatics* [M]. Oxford: Blackwell.

[24] Brown, G. & G. Yule. 1983. *Discourse Analysis* [M]. Cambridge: Cambridge University Press.

[25] Campbell, S. 1998. *Translation into the Second Language* [M]. London/New York: Addison Wesley Longman Limited.

[26] Catford, J. C. 1965. *A Linguistic Theory of Translation* [M]. Oxford: Oxford University Press.

[27] Chesterman, A. 1997. *Memes of Translation* [M]. Amsterdam / Philadelphia: John Benjamins Publishing Company.

[28] Cintas, J. D. & G. Anderman (eds.). 2009. *Audiovisual Translation: Language Transfer on Screen* [M]. London: Palgrave Macmillan.

[29] Cluysenaar, A. 1976. *Introduction to Literary Stylistics* [M]. London: B. T. Batsford.

[30] Collier, P. & H. Geryer-Ryan. 1990. *Literary Theory Today* [M]. Basil Blackwell: Polity Press.

[31] Creswell, J. W. 1994. *Research Design: Qualitative & Quantitative*

Approaches [M]. Thousand Oaks/Calif: Sage Publications.

[32] Crossley, N. 1994. *The Politics of Subjectivity: Between Foucault and Merleau-Pont* [M]. Avebury: Ashgate Publishing Limited.

[33] Darwish, A. 1989. The translation process: A view of the mind. www. surf. net.

[34] Dolitsky, M. 1992. Review of Hatim and Mason 1990 and Gutt 1991 [J]. *Journal of Pragmatics*, 17 (2).

[35] Dryden, J. 1680, 1697, 1992. Metaphrase, paraphrase and imitation. In: R. Schulte & J. Biguent (eds.). *Theories of Translation* [C]. Chicago/London: University of Chicago Press, 1992.

[36] Eagleton, T. 1983. *Literary Theory: An Introduction* [M]. Minneapolis: University of Minnesota Press.

[37] Englund, D. 2005. *Expertise and Explicitation in the Translation Process* [M]. Amsterdam/Philadelphia: John Benjamins Publishing Company.

[38] Erisson, K. A. & H. A. Simon. 1993. *Protocol Analysis— Verbal Reports as Data* [M]. Cambridge/MA.: MIT Press.

[39] Fairclough, N. 1989. *Language and Power* [M]. London: Longman.

[40] Fairclough, N. 1995. *Critical Discourse Analysis: The Critical Study of Language* [M]. London: Longman.

[41] Festinger, L. 1957. *A Theory of Cognitive Dissonance* [M]. Evanston, IL: Row, Peterson.

[42] Frank, M. Identity and Subjectivity [A]. In: Critchley, S. & Dews. P. 1996. *Deconstructive Subjectivities* [C]. Albany: State University of New York Press.

[43] Fraser, B. 1999. What are discourse markers? [J]. *Journal of Pragmatics*, 23 (31).

[44] Frawley, W. Ernst-August Gutt. 1992. Translation and relevance: Cognition and context [J]. *Journal of Linguistics*, 28 (2).

[45] Gentzler, E. 1993. *Contemporary Translation Theories* [M]. London: Routledge.

[46] González, D. M. 2004. *Multiple Voices in the Translation Classroom. Activities, Tasks and Projects* [M]. Amsterdam / Philadelphia: John Benjamins Pulishing Company.

[47] Göpferich, S., Alves, F. and Mees, I. M. (eds). 2010. *New*

Approaches in Translation Process Research [M]. Copenhagen: Samfundslitteratur.

[48] Graham, A. C. 1965. *Poems of the Late Tang* [M]. London: Penguin.

[49] Green, M. G. 1996. *Pragmatics and Natural Language Understanding* (2nd *edition*) [M]. New Jersey: LEA, Inc.

[50] Grice, H. P. 1989. *Studies in the Way of Words* [M]. Cambridge, Mass.: Harvard University Press.

[51] Grice, H. P. Logic and Conversation [A]. In: Cole, P. & J. Morgan. (eds.). 1975. *Syntax and Semantics*, vol. 3: *Speech Acts* [C]. New York: Academic Press.

[52] Grundy, P. 1995. *Doing Pragmatics* [M]. London: Edward Arnold.

[53] Gutt, E. -A. 1991. *Translation and Relevance: Cognition and Context* [M]. Manchester: St. Jerome Publishing.

[54] Gutt, E. -A. Pragmatic Aspects of Translation: Some Relevance Theory Observations [A]. In: Hickey, L. (ed.). 1998. *The Pragmatics of Translation* [C]. Clevedon: Multilingual Matters Ltd.

[55] Gutt, E. -A. 1986. From translation to effective communication [J]. *Notes on Translation*, 2 (1).

[56] Gutt. E. -A. 1990. A theoretical account of translation: Without a translation theory [J]. *Target*, 2 (2).

[57] Hatim, B. & I. Mason. 1990. *Discourse and the Translator* [M]. London: Longman.

[58] Hatim, B. & I. Mason. 1997. *The Translator as Communicator* [M]. London/New York: Routledge.

[59] Hatim, B. 1997. *Communication Across Cultures—Translation Theory and Contrastive Text Linguistics* [M]. Exeter: University of Exeter Press.

[60] Hatim, B. 2001. *Teaching and Researching Translation* [M]. Edinburgh Gate: Pearson Education Limited.

[61] Hawkes, D. (tr.). 1973. *The Story of the Stone* [M]. London: Penguin.

[62] He, Ziran. 2003. *Notes on pragmatics* [M]. Nanjing: Nanjing Normal University Press.

[63] Heider, F. 1958. *The Psychology of Interpersonal Relations* [M]. New York: Wiley.

[64] Helin, I. (ed.). 2002. *Essays in Translation, Pragmatics and Semiotics* [M]. Helsinki: Helsinki University Press.

[65] Hermans, T. Introduction: translation studies and a new paradigm [A]. In: Hermans, T. (ed.). 1985. *The Manipulation of Literature: Studies in Literary Translation* [C]. New York: St. Martins Press.

[66] Hermans, T. Translation as institution. 1995. *Translation as Intercultural Communication* [M]. Amsterdaml/Philadelphia: John Benjamins Publishing Company.

[67] Hickey, L. 1998. *The Pragmatics of Translation* [M]. Clevedon: Multilingual Matters Ltd.

[68] Hornby, A. S. 1997. *Oxford Advanced Learner's English-Chinese Dictionary* (4th *edition*) [M]. Oxford: Oxford University Press.

[69] House, J. 1977. *A Model for Translation Quality Assessment* [M]. Tübingen: Gunter Narr.

[70] House, J. 1997. *Translation Quality Assessment: A Model Revisited* [M]. Tübingen: Gunter Narr Verlag.

[71] Hymes, D. 1992. Review of Gutt 1991 [J]. *Language in Society*, 21 (2).

[72] Iser, W. 1974. *The Implied Reader: Patterns of Communication in Prose Fiction from Bunyan to Beckett* [M]. Baltimore: The Johns Hopkins University Press.

[73] Iser, W. Indeterminacy and the reader's response in prose fiction [A]. In: J. Miller, H (ed.). 1971. *Aspects of Narrative* [C]. New York: English Institute Essays.

[74] Iser. W. 1978. *The Act of Reading: A Theory of Aesthetic Response* [M]. Baltimore: The Johns Hopkins University Press.

[75] Jääskeläinen, R. 1999. *Tapping the Process: An Explorative Study of the Cognitive and Affective Factors Involved in Translating* [M]. Joensuu: Joensuun Yliopisto.

[76] Jameson, F. 1974. *The Prison House of Language* [M]. Princeton: Princeton University Press.

[77] Joseph, H. D., Gregory, M. S., Stephen, B. F. & K. M. Michael (eds.). 1997. *Cognitive Processes in Translation and Interpreting* [M]. California: Sage Publications, Inc.

[78] Jucker, A. H. & Y. Ziv. 1998. *Discourse Markers: Descriptions and*

Theory [M]. Amsterdam/Philadelphia: John Benjamins Publishing Company.

[79] Jurasek, B. S. 1993. Review of Gutt 1991 [J]. *Modern Language Journal*, 77 (2).

[80] Kasper, G. & S. Blum-Kulka (eds.). 1993. *Interlanguage Pragmatics* [M]. Oxford: Oxford University Press.

[81] Katan, D. 1999. *Translating Cultures: An Introduction for Transators, Interpreters and Mediators* [M]. Manchester: St. Jerome Publishing.

[82] Keesing, F. M. 1958. *Cultural Anthropology: The Science of Custom* [M]. New York: Rinehrt & Company, Inc.

[83] Kelly, H. H. Attribution theory in social psychology [A]. In: Levine, D. (ed.). 1967. *Nebraska Symposium on Motivation* [C]. Lincoln: University of Nebraska Press.

[84] Kelly, G. S. 1987. *Principles of Social Psychology* [M]. London: Lawrence Erlbaum Associates, Publishers.

[85] Koller, W. 1995. The concept of equivalence and the object of translation studies [J]. *Target*, 7 (2).

[86] Koskinen, K. From text to context: translation and ethics [A]. In: Helin, I. (ed.). 2002. *Essays in Translation, Pragmatics and Semiotics* [C]. Helsinki: Helsinki University Press.

[87] Krings, H. P. 1986. *Was in den Kopfen von Ubersetzern vorgeht* [M]. Tubingen: Gunter Narr Verlag.

[88] Kristeva, J. 1969. *Desire in Language: A Semiotic Approach to Literature and Art* [M]. Oxford: Blackwell.

[89] Leech, G. 1983. *Principles of Pragmatics* [M]. London: Longman.

[90] Lefevere, A. 1992. *Translation, Rewriting and the Manipulation of Literary Fame* [M]. London/New York: Routledge.

[91] Lemke, J. 1985. Ideology, Intertextuality, and the Notion of Register [A]. In: Bensen J. et al. (ed.). *Systematic Perspectives on Discourse*, vol. 1 [C]. New Jersey: Ablex.

[92] Lenk, U. 1998. *Marking Discourse Coherence* [M]. Tübingen: Gunter Narr Verlag.

[93] Levinson, S. C. 1983. *Pragmatics* [M]. Cambridge: Cambridge University Press.

[94] Linda, D. 2001. Book reviews of the translator as communicator, the pragmatics of translation, and translation and relevance: Cognition and Context

[J]. *The Translator*, 7 (2).

[95] Löscher, W. 1991. *Translation Performance, Translation Process, and Translation Strategies: A Psychological Investigation* [M]. Tübingen: Gunter Narr Verlag.

[96] Lyons, J. 1977. *Semantics* [M]. Cambridge: Cambridge University Press.

[97] Mackenzie, L. 1994. Review of Gutt 1991 [J]. *Journal of Literary Semantics*, 23 (3).

[98] Malmkjær, K. 1992. translation and relevance: Cognition and Context [J]. *Mind and Language*, 7 (3).

[99] Mey, J. L. 1993. *Pragmatics: An Introduction* [M]. Oxford: Blackwell.

[100] Munday, J. 2001. *Introducing Translation Studies* [M]. London/New York: Routledge.

[101] Muschard, J. 1995. *Relevant Translations: History, Presentation, Criticism, Application* [M]. Frankfurt /M. : Peter Lang.

[102] Neubert, A. & G. M. Shreve. 1992. *Translation as Text* [M]. Kent: The Kent State University Press.

[103] Newmark, P. 1981. *Approaches to Translation* [M]. Oxford/New York: Pergamon.

[104] Newmark, P. 1988. *A Textbook of Translation* [M]. London: Prentice-Hall International (UK) Ltd.

[105] Newmark, P. 1991. *About Translation* [M]. Philadelphia/ Adelaid: Multilingual Matters Ltd.

[106] Nida, E. A. & C. R. Taber. 1969. *The Theory and Practice of Translation* [M]. Leiden: E. Brill.

[107] Nida, E. A. 1964. *Toward a Science of Translating* [M]. Leiden: E. J. Brill.

[108] Nida, E. A. 1982. *Translating Meaning* (A lecture series sponsored by Guangzhou Institute of Foreign Languages) [M]. Guangzhou: Guangzhou English Language Institute.

[109] Nord, C. 1997. *Translating as a Purposeful Activity: Functionalist Approaches Explained* [M]. Manchester: St. Jerome Publishing.

[110] Peccei, J. S. 1998. *Pragmatics* [M]. London: Routledge.

[111] Redeker, G. 1991. Review article: Linguistic makers of discourse

Structure [J]. *Linguistics*, 31.

[112] Redeker, G. 1991. Linguistic markers of discourse structure [J]. *Linguistics*, 29.

[113] Reiss, K & H. J. Vermeer. 1984. *Grundle einer allgemeinen Translationstheorie* [M]. Tübingen: Niemeyer.

[114] Riitta Jääskeläinen. 1999. *Tapping the Process: An Explorative Study of the Cognitive and Affective Factors Involved in Translating* [M]. Joensuun Yliopisto: University of Sonja Tirkkonen-Condit.

[115] Risselada, R. & W. Spooren. 1998. Introduction: discourse markers and coherence relations [J]. *Journal of Pragmatics*, 22 (30).

[116] Robinson, D. 2001. *Who Translates? Translator Subjectivities Beyond Reason* [M]. Albany: State University of New York Press.

[117] Rokeach, M. 1973. *The Nature of Human Values* [M]. New York: Free Press.

[118] Rommney, C. 1993. Review of Gutt 1991 [J]. *Canadian Journal of Linguistics*, 38 (1).

[119] Rouchota, V. 1996. Discourse connectives: What do they link [J]. *UCL Working Papers in Linguistics*, Vol. 8.

[120] Samovar, L. A., Porter, R. E. & L. A. Stefani. 1998. *Communication Between Cultures* [M]. Belmont/CA.: Wadsworth Publishing Company.

[121] Schiffrin, D. 1987. *Discourse Markers* [M]. Cambridge: Cambridge University Press.

[122] Schulte, R & Biguenet. J. (ed.). 1992. *Theories of Translation: An Anthology of Essays from Dryden to Derrida* [M]. Chicago: University of Chicago Press.

[123] Searle, J. R. 1965. *Speech Acts: An Essay in the Philosophy of Language* [M]. Cambridge: Cambridge University Press.

[124] Searle, J. R., Kiefer, F. & M. Bierwisch (eds.). 1980. *Speech Act Theory and Pragmatics* [M]. Dordrecht: Reidel.

[125] Setton, R. 2005. Pointing to contexts: A relevance-theoretic approach to assessing quality and difficulty in interpreting [A]. In Helle D. V., Engberg, J. & H. Gerzymisch-Arbogast (eds.). *Knowledge Systems and Translation* [C]. Berlin/New York: Walter de Gruyter.

[126] Setton, R. 1999. *Simultaneous Interpretation: A Cognitive-Pragmatic Analysis* [M]. Amsterdam/Philadelphia: John Benjamins Publishing Company.

[127] Setton, R. 2006. Context in simultaneous interpretation [J]. *Journal of Pragmatics*, 38.

[128] Shreve, G. M & E. Angelone (eds.). 2010. *Translation and Cognition* [M]. Amsterdam/Philadelphia: John Benjamins Publishing Company.

[129] Silverman, K. 1983. *The Subject of Semiotics* [M]. Oxford: Oxford University Press.

[130] Smith, W. G. 1970. *The Oxford Dictionary of English Proverbs* (3rd *edition*) [M]. Oxford: Oxford University Press.

[131] Snell-Hornby, M. 1988. *Translation Studies: An Integrated Approach*. Amsterdam / Philadelphia: John Benjamins Publishing Compary.

[132] Snell-Hornby, M. Linguistic transcoding or cultural transfer? A critique of translation theory in Germany [A]. In: Bassnett, S. & A. Lefevere (eds.). 1990. *Translation, History and Culture* [C]. London: Pinter.

[133] Sperber, D. & Wilson, D. 1986. *Relevance: Communication and Cognition* [M]. Oxford: Blackwell.

[134] Stark, D. 1993. Review of Gutt 1991 [J]. *Language*, 69 (4).

[135] Steiner, E. 1993. Review of Gutt 1991 [J]. *Linguistics*, 31 (3).

[136] Steiner, G. 1975. *After Babel: Aspects of Language and Translation* [M]. Oxford: Oxford University Press.

[137] Stern, H. H. 1983. *Fundanmental Concepts of Language Teaching* [M]. Oxford: Oxford Vniversity Press.

[138] Stevenson, B. 1976. *The Macmillan Book of Proverbs, Maxims, and Famous Phrases* [M]. New York: Macmillan Publishing Co., Inc.

[139] Svejcer, A. D. 1981. Levels of equivalence or translation models? [A]. In: W. Kühlwein, G. T. & W. Wilss (eds.). *Konstrastive Linguistik und Übersetzungswissenschaft* [C]. Akten des Internationalen Kolloquiums Trier/Saarbrücken München: Fink.

[140] Taylor, S. E., Peplau, L. A. & D. O. Sears. 1994. *Social Psychology* [M]. New Jersey: Prentice-Hall, Inc.

[141] Thomas, J. 1995. *Meaning in Interaction: An Introduction to Pragmatics* [M]. London: Longman.

[142] Thomas, S. 1994. Relevance and translation [J]. *Turjuman*,3 (2).

[143] Tirkkonen-Condit, S. & R. Jääskeläinen (eds.). 2000. *Tapping and Mapping the Processes of Translation and Interpretation* [M]. Amsterdam/Philadelphia: John Benjamins Publishing Company.

[144] Tirkkonen-Condit, S. 1992. A theoretical account of translation: Without translation theory? [J]. *Target*, 4 (2).

[145] Tirkkonen-Condit, S. Professional versus non-professional translation: A think-aloud protocol study. In Seguinot, C. (ed.). 1989. *The Translation Process* [M]. Toronto: H. G. Publications.

[146] Toury, G. 1980. *In Search of a Theory of Translation* [M]. Tel. Aviv: Porter Institute.

[147] Toury, G. 1995. *Descriptive Translation Studies and Beyond* [M]. Amsterdam/Philadelphia: John Benjamin Publishing Company.

[148] Toury, G. The nature and role of norms in literary translation [A]. In: Holmes, Lambert, & R. V. D. Broeck (eds.). 1978. *Literature and Translation: Perspectives in Literary Studies* [C]. Leuven: Acco University Press.

[149] Venuti, L. (ed.). 1992. *Rethinking Translation: Discourse, Subjectivity, Ideology* [M]. London/New York: Routledge.

[150] Venuti, L. 1995. *The Translator's Invisibility: A History of Translation* [M]. London/New York: Routledge.

[151] Vermeer, H. J. 1998, 2000. Skopos and commission in translation action [A]. In: Venuti, L. (ed.). 2000. *The Translation Studies Reader* [C]. London/New York: Routledge.

[152] Verschueren, J. 1999. *Understanding Pragmatics* [M]. London/New York: Edward Arnold (Publishers) Ltd.

[153] Verschueren, J. 1987. *Pragmatics as a Theory of Linguistic Adaptation* [M]. First working document for the International Pragmatics Association in preparation of a Handbook of Pragmatics. Antwerp: International Pragmatics Association.

[154] Verschueren, J. & B. P. Marcella (eds.). 1987. *The Pragmatic Perspective: Selected Papers from the* 1985 *International Pragmatics Conference* [M]. Amsterdam/Philadephia: John Benjamins Publishing Company.

[155] Wilson, F. P. 1974. *The Oxford Dictionary of English Proverbs* [M]. Oxford: Oxford University Press.

[156] Wilss, W. 1982. *The Science of Translation: Problems and Methods* [M]. Tübingen: Gunter Narr Verlag.

[157] Wilss. W. Ernst-August Gutt. 1993. *Translation and Relevance: Cognition and Context.* Review, *Lebende Sprachen*, 1 (93).

[158] Wu Juntao. 1980. *Tu Fu: A New Translation* [M]. Hong Kong:

The Commercial Press.

[159] Yang Xianyi & Gladys Yang (tr.). 1985. *Lu Xun: Selected Works* [M]. Beijing: Foreign Languages Press.

[160] Yang Xianyi & Gladys Yang (tr.). 1993. *A Dream of Red Mansions* [M]. Beijing: Foreign Languages Press.

[161] Yang Xianyi & Gladys, Yang (tr.). 1995. *The Scholars* [M]. Beijing: Foreign Languages Press.

[162] Yang Xianyi & Gladys, Yang (tr.). 1993. *A Dream of Red Mansions* [M]. Beijing: Foreign Languages Press.

[163] Yule, G. 1996. *Pragmatics* [M]. Oxford: Oxford University Press.

[164] Zlateva, P. 1993. *Translation as Social Action* [M]. London: Routledge.

[165] 艾芜. 百炼成钢 [M]. 北京：人民文学出版社，1982.

[166] 白靖宇. 文化与翻译 [M]. 北京：中国社会科学出版社，2000.

[167] 包惠南. 文化语境与语言翻译 [M]. 北京：中国对外翻译出版公司，2003.

[168] 包惠南，包昂. 中国文化与汉英翻译 [M]. 北京：外文出版社，2004.

[169] 蔡辉，尹星. 西方幽默理论研究综述 [J]. 外语研究，2005 (1).

[170] 蔡新乐. 跨文化文学翻译中文化特色的处理问题 [D]. 中山大学博士论文，1996.

[171] 蔡新乐. 文学翻译的释义学原理 [M]. 开封：河南大学出版社，1997.

[172] 蔡新乐. 语内翻译与语际翻译的比较 [J]. 外国语，2000 (2).

[173] 蔡新乐. 文学翻译的艺术哲学 [M]. 开封：河南大学出版社，2001.

[174] 曹雪芹，高鹗. 红楼梦 [M]. 上海：上海古籍出版社，2001.

[175] [英] 雪莱. 雪莱抒情诗选 [M]. 查良铮译. 北京：人民文学出版社，1958.

[176] 查明建，田雨. 论译者主体性——从译者文化地位的边缘化谈起 [J]. 中国翻译，2003 (1).

［177］陈秀. 论译者介入［J］. 中国翻译，2002（1）.

［178］陈安定. 英汉比较与翻译［M］. 北京：中国对外翻译出版公司，1995.

［179］陈福康. 中国译学理论史稿［M］. 上海：上海外语教育出版社，1996.

［180］陈宏薇. 语用学与翻译教学［J］. 现代外语，1995（3）.

［181］陈科芳. 修辞格翻译的语用学探解［M］. 上海：复旦大学出版社，2010.

［182］陈淑华. 英汉修辞与翻译［M］. 北京：北京邮电学院出版社，1990.

［183］陈淑莹. 标示语英译的语用失误探析［J］. 四川外国语学院学报，2006（1）.

［184］陈文伯. 英语成语与汉语成语［M］. 北京：外语教学与研究出版社，1982.

［185］陈永国. 翻译的不确定性问题［J］. 中国翻译，2003（4）.

［186］单其昌. 汉英翻译技巧［M］. 北京：外语教学与研究出版社，1990.

［187］邓炎昌，刘润清. 语言与文化——英汉语言文化对比［M］. 北京：外语教学与研究出版社，1995.

［188］邓志辉. 译者选词决策过程的影响因素分析——一项认知心理学视角的翻译过程实证研究［J］. 外国语，2011（5）.

［189］董海亚. 西方语境下的影视翻译研究概览［J］. 上海翻译，2007（1）.

［190］范晓惠，宋志华. 英式幽默翻译中译者主体性探究——美国电影《亚瑟王》个案研究［J］. 河海大学学报，2009（4）.

［191］方梦之. 翻译新论与实践［M］. 青岛：青岛出版社，2002.

［192］方梦之，毛忠明. 英汉——汉英应用翻译教程［M］. 上海：上海外语教育出版社，2006.

［193］封宗信. 文学语篇的重构与译者的多重角色［J］. 中国翻译，2003（3）.

［194］冯国华. 语境通观，随便适会——在语境中把握意义［J］. 中国翻译，2002（1）.

［195］冯庆华. 文体翻译论［M］. 上海：上海外语教育出版社，2002.

［196］冯庆华. 实用翻译教程（增订本）［M］. 上海：上海外语教育

出版社，2003.

[197] 傅仲选．实用翻译美学［M］．上海：上海外语教育出版社，1991.

[198] 高宁．论译者的主体地位——兼论翻译标准的设立原则［J］．上海科技翻译，1997（1）.

[199] 戈玲玲．语境关系顺应论对词义选择的制约［J］．中国科技翻译，2001（1）.

[200] 戈玲玲．顺应论对翻译研究的启示——兼谈语用翻译标准［J］．外语学刊，2002（3）.

[201] 戈玲玲．论幽默文本中本源概念的翻译模式——基于汉英双语平行语料库的研究［J］．外语学刊，2011（1）.

[202] 葛校琴．当前归化/异化策略讨论的后殖民视阈［J］．中国翻译，2002（5）.

[203] 耿龙明．翻译论丛［M］．上海：上海外语教育出版社，1998.

[204] 辜正坤．世界名诗鉴赏辞典［M］．北京：北京大学出版社，1990.

[205] 辜正坤．中西诗比较鉴赏与翻译理论［M］．北京：清华大学出版社，2003.

[206] 郭建中．当代美国翻译理论［M］．武汉：湖北教育出版社，2000.

[207] 海芳．归化、异化的统计与分析——《红楼梦》口语辞格英译研究［J］．外语学刊，2003（1）.

[208] 何刚强．当代英汉互译指导与实践［M］．上海：华东理工大学出版社，1997.

[209] 何刚强．现代英汉翻译操作［M］．北京：北京大学出版社，1998.

[210] 何兆雄．新编语用学概要［M］．上海：上海外语教育出版社，2000.

[211] 何自然．汉英/英汉翻译与语用学［J］．外语教学，1992（1）.

[212] 何自然．语用学概论［M］．长沙：湖南教育出版社，1988.

[213] 何自然．语用学与汉英/英汉翻译［A］．杨自俭，刘学云．翻译新论（1983—1992）［M］．武汉：湖北教育出版社，1994.

[214] 何自然．Grice 语用学说与关联理论［J］．外语教学与研究，1995（4）.

[215] 何自然．近年来语用学说研究概述［J］．外国语，1995（3）.

[216] 何自然. 翻译要译什么?——翻译中的语用学 [J]. 外语与翻译, 1996 (2).

[217] 何自然. 语用学与英语学习 [M]. 上海: 上海外语教育出版社, 1997.

[218] 何自然. 推理与关联 [J]. 外语教学, 1997 (4).

[219] 何自然, 段开诚. 汉英翻译中的语用对比研究 [J]. 现代外语, 1988 (3).

[220] 何自然, 陈新仁. 当代语用学 [M]. 北京: 外语教学与研究出版社, 2004.

[221] 何自然, 冉永平. 话语联系语的语用制约性 [J]. 外语教学与研究, 1996 (3).

[222] 何自然, 冉永平. 语用与认知—关联理论研究 [M]. 北京: 外语教学与研究出版社, 2001.

[223] 何自然, 冉永平. 语用学概论 (修订本) [M]. 长沙: 湖南教育出版社, 2003.

[224] 贺新辉. 宋词鉴赏辞典 [M]. 北京: 燕山出版社, 1987.

[225] 贺学耘, 谭晓丽. 广告翻译: 形式美与语用功能的再现 [J]. 上海翻译, 2007 (4).

[226] 胡庚申. 翻译适应选择论 [M]. 武汉: 湖北教育出版社, 2004.

[227] 胡家峦. 英语诗歌精品 [M]. 北京: 北京大学出版社, 1996.

[228] 黄国文. 语篇分析概要 [M]. 长沙: 湖南人民出版社, 1998.

[229] 姜秋霞. 文学翻译中的审美过程: 格式塔意象再造 [M]. 北京: 商务印书馆, 2002.

[230] 蒋素华. 关于翻译过程的研究 [J]. 外语教学与研究, 1998 (3).

[231] 蒋骁华. 意识形态对翻译的影响: 阐发与新思考 [J]. 中国翻译, 2003 (5).

[232] 蒋骁华. 互文性与文学翻译 [J]. 中国翻译, 1994 (2).

[233] 金纯. 英语谚语应用词典 [M]. 北京: 商务印书馆, 2002.

[234] 金明. 论译者在翻译过程中的主体作用 [J]. 外语与外语教学, 2001 (8).

[235] 金惠康. 跨文化交际翻译续编 [M]. 北京: 中国对外翻译出版公司, 2004.

[236] 居祖纯. 汉英语篇翻译 [M]. 北京: 清华大学出版社, 1998.

[237] 柯平. 英汉与汉英翻译教程 [M]. 北京: 北京大学出版社, 1993.

[238] 李敏归. 化异化研究在中国 [J]. 中南民族大学学报 (人文社会科学版), 2004 (1).

[239] 李国南. 英汉修辞格对比研究 [M]. 福州: 福建人民出版社, 1999.

[240] 李国庆. 从文化语境层面看押头韵广告语篇的翻译策略 [J]. 外语学刊, 2008 (1).

[241] 李和庆, 薄振杰. 规范与影视字幕翻译 [J]. 中国科技翻译, 2005 (2).

[242] 李怀奎, 李怀宏. 景观标识名称汉译英的语用等效研究 [J]. 上海科技翻译, 2004 (1).

[243] 李霁野. 英国抒情诗歌二百首——妙意曲 [M]. 成都: 四川人民出版社, 1984.

[244] 李克兴. 译者翻译中的逻辑矛盾 [J]. 外语教学与研究,1997 (1).

[245] 李庆杰, 姜海燕. 意象理论图式视角下的《老友记》幽默翻译研究 [J]. 电影文学, 2012 (7).

[246] 李瑞华. 英汉语言文化对比研究 [M]. 上海: 上海外语教育出版社, 1991.

[247] 李运兴. 语篇翻译引论 [M]. 北京: 中国对外翻译出版公司, 2001.

[248] 李运兴. 字幕翻译的策略 [J]. 中国翻译, 2001 (4).

[249] 李占喜. 东边日出西边雨, 道是无晴还有晴? ——从"关联域"分析文学翻译中的文化亏损 [D]. 河南大学硕士学位论文, 1999.

[250] 李占喜. "关联域"与"互文性": 从文化的本体论特征分析互文性翻译中的文化亏损 [J]. 外语与翻译, 2001 (1).

[251] 李占喜. 翻译学科定位的跨文化反思与前瞻 [J]. 语言与翻译, 2001 (4).

[252] 李占喜. 从"关联域"分析互文性翻译中的文化亏损 [A]. 杨自俭. 英汉语比较与翻译 4 [M]. 上海: 上海外语教育出版社, 2002.

[253] 李占喜. 语用综观论: 文学翻译的一个新视角 [A]. 杨自俭. 英汉语比较与翻译 5 [M]. 上海: 上海外语教育出版社, 2004.

[254] 李占喜. "关联域"视角中的互文性翻译 [J]. 语言与翻译, 2005 (1).

［255］李占喜．翻译过程的关联—顺应研究：文化意象处理举隅［D］．广东外语外贸大学博士论文，2005.

［256］李占喜．从关联翻译理论视角管窥翻译过程的特点［J］．西安外国语大学学报，2007（1）.

［257］李占喜．语言顺应论与翻译研究［J］．冉永平，张新红．语用学纵横．北京：高等教育出版社，2007.

［258］李占喜．从“关联域”的角度分析翻译中的逻辑矛盾［J］．郑州航空工业管理学院学报，2008（4）.

［259］李占喜．翻译过程的静态研究述评［J］．韶关学院学报,2008（7）.

［260］李占喜．国内外语用翻译研究：回顾、述评与前瞻［J］．上海翻译，2008（1）.

［261］李占喜．文化意象翻译中亏损现象补偿的关联论视角［J］．广东技术师范学院学报，2008（8）.

［262］李占喜．翻译过程研究：理论回顾与语用构建［J］．天津外国语学院学报，2009（4）.

［263］李占喜．翻译教学中学生主体身份的语用透析［J］．福建论坛（社科教育版），2009（6）.

［264］李占喜．国内外翻译过程研究：回顾与述评［J］．时代文学，2009（8）

［265］李占喜．顺应论：文学翻译的一个新视角［J］．华南农业大学学报（社会科学版），2009（3）.

［266］李占喜．英语广告汉译过程的语用透析［J］．中国科技翻译，2009（4）.

［267］李占喜．西方影视翻译研究的最新发展——《影视翻译：屏幕上的语言转换》介评［J］．上海翻译，2010（4）.

［268］李占喜．译者主体性意识的语用透视［J］．北京第二外国语学院学报，2010（12）.

［269］李占喜．《翻译过程研究的方法与策略》介绍［J］．外语教学与研究，2012（5）.

［270］李占喜．译文读者为中心的认知和谐原则［J］．外语教学，2012（1）.

［271］李占喜，何自然．从“关联域”视角分析文化意象翻译中的文化亏损［J］．外语与外语教学，2006（2）.

［272］连淑能．英汉对比研究［M］．北京：高等教育出版社，1993.

［273］［英］莎士比亚．莎士比亚十四行诗［M］．梁宗岱译．成都：四川人民出版社，1983.

［274］廖晶，朱献珑．论译者身份：从翻译理念的演变谈起［J］．中国翻译，2005（3）.

［275］廖开洪．谈“合作原则”在口译中的作用［J］．中国翻译，1999（1）.

［276］廖七一．当代英国翻译理论［M］．武汉：湖北教育出版社，2001.

［277］林煌天．中国翻译词典［M］．武汉：湖北教育出版社，1997.

［278］林克难．关联翻译理论简介［J］．中国翻译，1994（4）.

［279］刘建刚，闫建华．论告示的语用等效翻译［J］．上海翻译，2005（4）.

［280］刘宓庆．现代翻译理论［M］．南昌：江西教育出版社，1990.

［281］刘宓庆．翻译美学导论［M］．台北：书林出版公司，1995.

［282］刘宓庆．文体与翻译［M］．北京：中国对外翻译出版公司，1998.

［283］刘宓庆．文化翻译论纲［M］．武汉：湖北教育出版社，1999.

［284］刘宓庆．翻译与语言哲学［M］．北京：中国对外翻译出版公司，2001.

［285］刘绍忠．关联理论的交际观［J］．现代外语，1997（20）.

［286］刘世聪，谷启楠．论《红楼梦》文化内容的翻译［J］．中国翻译，1997（1）.

［287］刘万国，侯文富．中华成语辞海［M］．长春：吉林大学出版社，2002.

［288］刘重德．浑金璞玉集［M］．北京：中国对外翻译出版公司，1994.

［289］刘重德．文学翻译十讲［M］．北京：中国对外翻译出版公司，1995.

［290］鲁迅．鲁迅小说选［M］．北京：中国文联出版公司，1995.

［291］罗新璋．翻译论集［M］．北京：商务印书馆，1984.

［292］罗选民．英汉文化对比与跨文化交际［M］．沈阳：辽宁人民出版社，2000.

［293］罗选民．中华翻译文摘［M］．北京：清华大学出版社，2002.

［294］罗选民．话语分析的英汉语比较研究［M］．长沙：湖南人民出版社，2001.

[295] 罗选民. 中国的翻译教学：问题与前景 [J]. 中国翻译，2002 (4).

[296] 吕叔湘. 中诗英译笔录 [M]. 上海：上海外语教育出版社，1980.

[297] 吕叔湘，丁声树. 现代汉语词典（汉英双语）[M]. 北京：外语教学与研究出版社，2002.

[298] 马萧. 翻译适应变异论（英文）[M]. 武汉：武汉大学出版社，2012.

[299] 马萧. 话语标记语的语用功能与翻译 [J]. 中国翻译，2003 (5).

[300] 马祖毅. 中国翻译简史 [M]. 北京：中国对外翻译出版公司，1984.

[301] 毛泽东. 毛泽东选集（第二版） [M]. 北京：人民出版社，1991.

[302] 孟建钢. 关联理论对翻译标准的解释力 [J]. 中国科技翻译，2001 (1).

[303] 孟建钢. 关于翻译原则二重性的最佳关联性解释 [J]. 中国翻译，2002 (5).

[304] 莫爱屏，蒋清风. 关系语用学的三元关系在口译中的互动研究 [J]. 外语教学，2006 (6).

[305] 穆雷. 从接受理论看习语翻译中文化差异的处理 [J]. 中国翻译，1990 (4).

[306] 穆雷. 中国翻译教学研究 [M]. 上海：上海外语教育出版社，1999.

[307] 穆雷，诗怡. 翻译主体的“发现”与研究——评中国翻译家研究 [J]. 中国翻译，2003 (1).

[308] 潘文国. 汉英语对比纲要 [M]. 北京：北京语言文化大学出版社，1997.

[309] 潘文国. 当代西方的翻译研究 [J]. 中国翻译，2002 (1).

[310] 钱冠连. 美学语言学——语言美和言语美 [M]. 深圳：海天出版社，1993.

[311] 钱冠连. 汉语文化语用学 [M]. 北京：清华大学出版社，1997.

[312] 钱冠连. 从文化共核看翻译等值论 [J]. 中国翻译，1994 (4).

［313］钱绍昌. 影视翻译——翻译园地中愈来愈重要的领域［J］. 中国翻译，2000（1）.

［314］秦希廉. 英语短诗精选（英汉对照）［M］. 上海：知识出版社，1992.

［315］冉永平. 翻译中的信息空缺、语境补缺及语用充实［J］. 外国语，2006（6）.

［316］冉永平. 话语标记语的语用学研究综述［J］. 外语研究，2000（4）.

［317］申丹. 文学文体学与小说翻译（英文）［M］. 北京：北京大学出版社，1995.

［318］申丹. 叙述学与小说文体学研究［M］. 北京：北京大学出版社，1998.

［319］申丹. 论文学文体学在翻译学科建设中的重要性［J］. 中国翻译，2002（1）.

［320］申荷永. 社会心理学：原理与应用［M］. 广州：暨南大学出版社，2003.

［321］施耐庵. 水浒传［M］. 哈尔滨：黑龙江人民出版社，2003.

［322］沈家煊. 迅递和认知的相关性［J］. 外语教学与研究，1998（3）.

［323］宋旭，杨自俭. 译者的原文理解过程探讨［J］. 四川外语学院学报，2003（5）.

［324］宋志平. 论翻译过程中的主体意识［J］. 东北师大学报（哲学社会科学院报），2000（6）.

［325］宋志平. 翻译：选择与顺应——语用顺应论视角下的翻译研究［J］. 中国翻译，2004（2）.

［326］孙玉. 相关理论中的语用推理［J］. 外国语，1993（4）.

［327］孙大雨. 古诗文英译集［M］. 上海：上海外语教育出版社，2000.

［328］孙会军，郑庆珠. 译学研究中的文化转向［J］. 中国翻译，2000（5）.

［329］孙艺风. 翻译规范与主体意识［J］. 中国翻译，2003（3）.

［330］孙艺风. 翻译研究与意识形态：拓展跨文化对话的空间［J］. 中国翻译，2003（5）.

［331］孙艺风. 视角　阐释　文化：文学翻译与翻译理论［M］. 北京：清华大学出版社，2004.

［332］孙艺风．文学翻译过程［A］．谢天振．翻译的理论构建与文化透视［M］．上海：上海外语教育出版社，2003.

［333］孙致礼．译者的克己意识与创造意识［J］．上海科技翻译，2000（1）．

［334］孙致礼．中国的文学翻译：从归化走向异化［J］．中国翻译，2002（1）．

［335］孙致礼．再谈文学翻译的策略问题［J］．中国翻译，2003（1）．

［336］唐圭璋等．唐宋词鉴赏辞典（南宋、辽、金）［M］．上海：上海辞书出版社，1988.

［337］田德蓓．论译者的身份［J］．中国翻译，2000（6）．

［338］［英］莎士比亚．莎士比亚十四行诗集［M］．屠岸译．上海：上海译文出版社，1988.

［339］屠国元．翻译中的文化移植——妥协与补偿［J］．中国翻译，1996（2）．

［340］屠国元，朱献珑．译者主体性：阐释学的阐释［J］．中国翻译，2003（6）．

［341］汪榕培．比较与翻译［M］．上海：上海外语教育出版社，1997.

［342］王宁．文化语境下的翻译研究［J］．外语与翻译，1998（2）．

［343］王斌．关联理论对翻译解释的局限性［J］．中国翻译，2000（4）．

［344］王军．论翻译中语篇解构与重构的思维模式［J］．外国语，2002（6）．

［345］王宝童．关于英语诗用韵的思考［J］．外国语，2002（2）．

［346］王东风．文化缺省与翻译中的连贯重构［J］．外国语，1997（6）．

［347］王东风．从审美干涉到伦理干预：论影响翻译过程的跨文化因素［J］．翻译季刊，1998（7—8）．

［348］王东风．译家与作家的意识冲突：文学翻译中的一个值得深思的现象［J］．中国翻译，2001（5）．

［349］王东风．归化与异化：矛与盾的交锋？［J］．中国翻译，2002（5）．

［350］王东风．一只看不见的手——论意识形态对翻译实践的操纵［J］．中国翻译，2003（5）．

[351] 王建国. 关联翻译理论研究的回顾与展望 [J]. 中国翻译, 2005 (4).

[352] 王建国. 关联理论与翻译研究 [M]. 北京: 中国对外翻译出版公司, 2009.

[353] 王建开. 东边日出西边雨——诗歌翻译中的跨文化视角 [J]. 中国翻译, 1997 (4).

[354] 王克非. 翻译文化论 [M]. 上海: 上海外语教育出版社, 1997.

[355] 王立第. 翻译中的认知图式 [J]. 中国翻译, 2001 (2).

[356] [瑞典] 詹斯·奥尔伍德. 语言学中的逻辑 [M]. 王维贤等译. 石家庄: 河北人民出版社, 1984.

[357] 王文斌. 从两首唐诗的不同英译看文学翻译中的未定性和具体化 [J]. 中国翻译, 2001 (2).

[358] 王银泉, 陈新仁. 城市标识用语英译失误及其实例剖析 [J]. 中国翻译, 2004 (2).

[359] 王友贵. 意识形态与 20 世纪中国文学翻译史 (1899—1979) [J]. 中国翻译, 2003 (5).

[360] 王佐良. 英国诗文选译 [M]. 北京: 外语教学与研究出版社, 1980.

[361] 王佐良. 论新开端——文学与翻译研究集 [M]. 北京: 外语教学与研究出版社, 1991.

[362] 王佐良. 翻译: 思考与试笔 [M]. 北京: 外语教学与研究出版社, 1997.

[363] 危东亚. 汉英词典 [M]. 北京: 外语教学与研究出版社, 1995.

[364] 文军. 中国翻译教学五十年回眸 [M]. 北京: 北京航空航天大学出版社, 2006.

[365] 翁显良. 意态由来画不成? [M]. 北京: 外语教学与研究出版社, 1983.

[366] 吴景荣, 程镇球. 新时代汉英大词典 [M]. 北京: 商务出版社, 2000.

[367] 吴敬梓. 儒林外史 [M]. 北京: 人民文学出版社, 1977.

[368] 吴南松. 翻译: 寻求文化的共生与融合——也谈翻译中对原文差异性的保持问题 [J]. 中国翻译, 2003 (3).

[369] 吴亚新, 于国栋. 话语标记语的元语用分析 [J]. 外语教学,

2003（4）.

［370］吴义诚. 翻译研究的几个问题［J］. 中国翻译，1997（2）.

［371］吴义诚. 翻译过程中目的语篇章的构建策略［J］. 四川外语学院学报，1998（3）.

［372］吴友富. 国俗语义研究［M］. 上海：上海外语教育出版社，1999.

［373］吴钟明，邱进. 互文性在广告中的应用［J］. 上海科技翻译，2004（2）.

［374］奚永吉. 文学翻译比较美学［M］. 武汉：湖北教育出版社，2001.

［375］遐思译介：*Spring*（Thomas Nashe）［J］. 英语知识,1996（4）.

［376］谢天振. 译介学［M］. 上海：上海外语教育出版社，1999.

［377］谢天振. 国内翻译界在翻译研究和翻译理论认识上的误区［J］. 中国翻译，2001（4）.

［378］徐盛桓. 会话含意理论的新发展［M］. 开封：河南大学出版社，1996.

［379］徐盛桓. 语用问题研究［M］. 开封：河南大学出版社，1996.

［380］徐有志. 现代英语文体学［M］. 开封：河南大学出版社，1992.

［381］许钧. 文学翻译的理论与实践——翻译对话录［M］. 南京：译林出版社，2001.

［382］许钧. 译事探索与译学思考［M］. 北京：外语教学与研究出版社，2002.

［383］许钧. "创造性叛逆"和翻译主体性的确立［J］. 中国翻译，2003（1）.

［384］许渊冲. 翻译的艺术论文集［M］. 北京：中国对外翻译出版公司，1984.

［385］许渊冲. 唐宋词一百五十首（中英文对照）［M］. 北京：北京大学出版社，1990.

［386］许渊冲. 中国古诗词六百首（汉英对照）［M］. 北京：新世界出版社，1994.

［387］许渊冲. 中诗英韵探胜［M］. 北京：北京大学出版社，1997.

［388］许渊冲. 唐诗三百首新译［M］. 北京：中国对外翻译出版公司，1998.

［389］薛媛. 话语标记语及其在翻译中的语用充实［J］. 外语与外语

教学，2003（7）.

［390］杨平. 对当前中国翻译研究的思考［J］. 中国翻译，2003（1）.

［391］杨莉藜. 英汉互译教程［M］. 开封：河南大学出版社，1997.

［392］（清）吴敬梓，儒林外史（汉英对照中国古典名著丛书）［M］. 杨宪益，戴乃迭译. 长沙：湖南出版社，1996.

［393］杨衍松. 互文性与翻译［J］. 中国翻译，1994（4）.

［394］杨自俭. 英汉语比较与翻译［M］. 上海：上海外语教育出版社，2000.

［395］杨自俭. 译学新探［M］. 青岛：青岛出版社，2002.

［396］杨自俭. 我国译学建设的形势和任务［J］. 中国翻译，2002（1）.

［397］杨自俭. 关于翻译教学的几个问题［J］. 上海翻译，2006（3）

［398］杨自俭，刘学云主编. 翻译新论［M］. 武汉：湖北教育出版社，1997.

［399］于国栋，吴亚欣. 话语标记语的顺应性解释［J］. 解放军外国语学院学报，2003（1）.

［400］俞云根. 英美名著翻译比较［M］. 武汉：湖北教育出版社，2000.

［401］袁莉. 也谈文学翻译之主体意识［J］. 中国翻译，1996（3）.

［402］袁彧，李占喜. 从合作原则视角透析大学生幽默话语翻译［J］. 洛阳理工学院学报（社会科学版），2012（5）.

［403］袁莉. 关于翻译主体研究的构想. 许钧，张柏然主编. 面向二十一世纪的译学研究［M］. 北京：商务印书馆，2002.

［404］张今. 文学翻译原理［M］. 开封：河南大学出版社，1987.

［405］张柏然，许均. 译学论集［M］. 南京：译林出版社，1997.

［406］张保红. 汉英诗歌翻译与比较研究［M］. 武汉：中国地质大学出版社，2003.

［407］张春柏. 一种基于认知科学的翻译理论——简评《翻译与关联：认知与语境》（第二版）［J］. 上海科技翻译，2003（4）.

［408］张春柏. 直接翻译——关联翻译理论的一个重要概念［J］. 中国翻译，2003（4）.

［409］张经浩. 译论［M］. 武汉：武汉教育出版社，1996.

［410］张廷琛. 唐诗一百首［M］. 北京：中国对外翻译出版公司，香港：商务印书馆（香港）有限公司，1991.

[411] 张文娟. 从多元互补论和多元系统论谈译者的主体性 [J]. 语言与翻译, 2004 (2).

[412] 张新红. 社会用语英译中的语用失误: 调查与分析 [J]. 外语教学, 2000 (3).

[413] 张新红, 何自然. 语用翻译: 语用学理论在翻译中的应用 [J]. 现代外语, 2001 (3).

[414] 张亚非. 关联理论述评 [J]. 外语教学与研究, 1992 (3).

[415] 章振邦. 新编英语语法教程 [M]. 上海: 上海外语教育出版社, 1995.

[416] 赵湘. 语用学与翻译教学 [J]. 衡阳师范学院学报, 2002 (5).

[417] 赵湘. 中英标识语的文化差异与语用翻译 [J]. 外语教学, 2006 (2).

[418] 赵速梅. 论影视作品字幕翻译的两个不同层面 [J]. 外语学刊, 2008 (5).

[419] 赵彦春. 关联理论对翻译的解释力 [J]. 现代外语, 1999 (3).

[420] 赵彦春. 关联理论与翻译的本质——对翻译缺省问题的关联论解释 [J]. 四川外语学院学报, 2003 (3).

[421] 郑冰寒. 洞悉翻译过程的辅助工具——Translog 程序介评 [J]. 中国科技翻译, 2006 (4).

[422] 郑冰寒. 翻译过程的三元数据分析模式 [J]. 上海翻译, 2008 (3).

[423] 郑冰寒, 谭慧娟. 英译汉过程中翻译单位的实证研究 [J]. 外语教学与研究, 2007 (2).

[424] 郑伟红, 倪正茂. 逻辑与智慧 [M]. 长沙: 湖南人民出版社, 1987.

[425] 仲伟合, 钟钰. 德国的功能派翻译理论 [J]. 中国翻译, 1999 (3).

后记：登山的脚步

我出生在陕西的一个小山村。小时候，出门爬山，翻山越岭，那时只知道登山很累，没有走平路那么轻快。少年时，回到祖籍河南，一马平川，尽是平原，却又留恋儿时独步山林的岁月。农村生活艰辛、无奈、无助，在父辈的教诲下，萌发奔赴城市的梦想。青年时，从大学到工作；到研究生，再工作；又去读博士，又去工作。从七朝古都汴京到粤西湛蓝之滨，再到繁华现代羊城，从助教到教授，犹如登山，风风雨雨，执着登攀。经历了大都市的喧嚣与骚动，到了不惑之年，却有了归隐山林、漫步田园的憧憬与情怀。赴剑桥大学访学，品读英伦的宁静、自然、悠闲，聆听国际著名学者的专题讲座，参与相关论题研讨，领略其严谨治学、低调为人、静心为学的大师风范，潜移默化中追求“淡泊名利，宁静致远”的学术境界。

真正品味登山，是在读博士的时候。四年如一日，风雨无阻，登白云山成为每天享受山林宁静的宝贵历程。行走在大山深处，或悠闲小憩，或轻松游玩，或快步前行，或健步奔跑……很难忘记在茫茫山林中，独自开辟路径的情景：小心翼翼、仔细观察、“思前虑后”、唯恐“失足”；更是留恋登上山顶，坐在巨石上小憩，感受“会当凌绝顶，一览众山小”的远阔视野；同时也体会到登高远望，“高处不胜寒”的悠悠心境。毕业时，已养成每天登山的习惯。家住火炉山脚下，在原始森林中继续着登山的脚步，演绎着登山的情感，舒展着登山的情怀。

山中的灵气，滋润了我的肌体，削弱了我的愚钝，给予我学术写作的灵感！回首语用翻译探索的心路历程，无不感到是在科研深山中寻找智慧的灵光。1998 年何自然教授在河南大学的关联理论讲座激活了我的论文构思；硕士期间，师从蔡新乐教授，他耳提面命，把我引上了学术写作的征程；拜读徐盛桓教授的大作，我学会了如何思维严密地进行学术创新。博士期间，师从何自然教授，我学会了如何在吸收前人研究成果的基础上，深入浅出地表达自己的学术观点。

十多年来，在学术发展方面丝毫不敢懈怠，唯恐辜负了老师们的殷切期望。在语用翻译探索的漫漫征程中，仿佛在山间小径踯躅前行，在悬崖岸边犹豫停驻，在幽幽山谷中冥思小憩，在沟壑之间积聚跨越的勇气。

2000 年厦门的中国英汉语比较研讨会给予我主旨发言的机会，使我坚定了攀登语用翻译研究这座巍巍大山的学术信念。从 1999 年硕士毕业到现在，一直在从事语用翻译研究。参加学术会议，虚心向跨越翻译学和语用学的专家们求教，在学术探讨中时常迸发出灵感的火花。潜心研究，少不了形单影只，独享孤独的情愫，却能体验静心思考、宁静感悟的心路历程。在漫长的探索中，发表一些小文，从论文内容与构思，不难看出我在研究道路上的困惑与迷惘、喜悦与惬意、踌躇与彷徨。学界朋友对我说："你的有些论文，论质量本来可以发表在更高级别的刊物上。"我回应："那些论文与我将要发表的论文时间跨度较大，如果不尽快发表出来，恐怕会使感兴趣的读者在理解新的拙文时，在理论表述的连贯方面出现不必要的'间断感'。"说实话，我发表在外语类核心期刊的第一篇论文，是在硕士毕业漫长的八年等待、无数次的退稿中完成的。尽管如此，我还是对编辑心存感激，一则因为这也许是学术之神的恩赐，不想让一个年轻学者失望吧；二则因为在论文写作方面，不论是语言表达，还是篇章布局、理论建构，自己仍需要持之以恒的修炼与升华。

书稿付梓，好像有翻过了一座大山的轻松感！但我在语用翻译探索方面的脚步仍然在继续：登山、寻觅、攀登、执着前行，一步一个脚印。每次登山，必到山顶，但每次写作，却未必能到达顶峰！因为随着研究的深入，语用翻译研究领域有越来越多的课题需要探索，犹如在大山深处有无数的宝藏需要挖掘，也许借助新的研究方法，才能发现语用翻译研究的魅力与荣光。

感谢何自然教授垂青，更感谢他老人家提携后学的宽阔胸怀与高风亮节；

感谢徐盛桓教授、杨自俭教授、罗选民教授、王克非教授给予我在学术发展方面的关照；

感谢莫爱屏教授、马萧教授、张新红博士拨冗审阅书稿，更感谢他们提出的修改意见；

感谢国家留学基金访问学者项目的资助，使我有幸在美丽宁静的剑桥顺利完成初稿；

感谢暨南大学出版社杜小陆先生的大力支持，为拙著的出版做了大量的工作；

感谢我的父母、妻子、女儿，他们无私的爱和支持，始终是我前进的力量源泉。

李占喜

2014 年 10 月于羊城火炉山下